在线深度学习
活动设计与实施

穆肃　王孝金　庄慧娟　王莉　著

SPM 南方出版传媒

全国优秀出版社　全国百佳图书出版单位　广东教育出版社

·广州·

图书在版编目（CIP）数据

在线深度学习：活动设计与实施 / 穆肃等著.— 广州 ：
广东教育出版社，2021.5

ISBN 978-7-5548-4008-5

Ⅰ.①在… Ⅱ.①穆… Ⅲ.①网络教学—课程设计
Ⅳ.①G434

中国版本图书馆CIP数据核字（2021）第046836号

责任编辑：李杰静 尚于力 严洪超 蔡奇哲
责任技编：姚健燕
装帧设计：邓君豪

在线深度学习：活动设计与实施
ZAIXIAN SHENDU XUEXI：HUODONG SHEJI YU SHISHI

广 东 教 育 出 版 社 出 版 发 行
（广州市环市东路472号12-15楼）
邮政编码：510075
网址：http://www.gjs.cn
广东新华发行集团股份有限公司经销
广州市岭美文化科技有限公司印刷
（广州市荔湾区花地大道南海南工商贸易区A幢）
720毫米×1 000毫米 16开本 15.5印张 310 000字
2021年5月第1版 2021年5月第1次印刷
ISBN 978-7-5548-4008-5
定价：58.00元
质量监督电话：020-87613102 邮箱：gjs-quality@nfcb.com.cn
购书咨询电话：020-87615809

序

　　没有爱就没有教育；没有兴趣就没有学习；教书育人在细微处；学生成长在活动中。

——顾明远

　　欢迎您阅读《在线深度学习：活动设计与实施》一书。这本书源于十多年来作者们在远程教学和常规学校教学中的实践、思考和提炼。

　　虽然信息技术应用工具和教学平台不断发展更新，数字教学资源越来越丰富，教学场景也愈发多样，但在高等教育及基础教育各阶段的远程教育和线上线下混合教学中，"教"仍多以讲授为主，"学"则还是以听讲、观看和反复练习的方式进行。在线上教学中，学生除了体验到师生时间或空间的分离外，并未能真正享受到在线学习开放、灵活、主动和交互等优势，学习所达到的目标多停留在感受、了解、识记等水平上，未能引发深入对话、问题解决探究、开放交流和批判性思维。为改变这一状况，从10年前开始，作者们开始关注互联网中远程教学和在线学习中的深层次学习，对在线深层次学习的内涵、特点、表征和促进策略等进行了系列研究，并在多个学科、十多门课程的在线教学中尝试使用各种策略和设计实施学习活动，并对其效果进行分析，逐渐形成了以促进深层次学习为目标的系列教学策略及学习活动。

　　2020年春，新冠肺炎疫情引发了全球范围内的在线教学，我国所有教育阶段的教师和学生开展了师生完全分离状态下的网络远程教学，克服了疫情的影响，实现了"停课不停教、停课不停学"，让世人瞩目。但在大规模线上教学的总结和反思中，学校、教师、学生及家长等都对在线教学的质量、学习体验及学习成效等提出了质疑。教师对学生分散、居家学习的状态和情况不能及时了解，难以及时调整教学方式和进度，影响了教学质量；学生自控力和自主学习能力弱，不能长时间专注地参与录播课或直播教学，无法投入到在线学习中，学习体验和成效不佳。为此，在2020年5月学生回校学习后，不少地方的教育行政部门要求教师重新教授线上教学的内容；也有一些地方的教育行政部门取消了2020年春季学期的期末考试以应对不确定的学习情况。实际上，这种应急情况下的线上教学，虽然解决了开课的问题，但由于教师没有根据远程教学师生分离下的教学特点和规律进行授课，只是采用教师自身熟悉的方法进行教学，单纯地将传统课堂教学移到网络环境中，其结果是教学效果、学习体验和成效都受到影响，更无法促进学生有深度的学习。

为了帮助更多的教师理解在线远程教学、学会于在线教学中组织和设计学习活动，帮助学生实现主动和深层次的在线学习，作者们在疫情期间及之后，在全国开办了十多次"在线深度学习及活动设计"线上工作坊、主题讲座和研修活动等。这些活动的参与者遍及全国25个省（市、自治区），200多所高校和500多所中小学校。培训活动后，教师们也开展了多样化的实践，形成不少优秀的教学活动案例。为给更多的教师提供一本详细解析在线学习活动设计和实施的指导书，作者们对已有的理论研究和实践案例进行了梳理，于2021年春节期间完成了本书。

本书阐述了8项促进在线深度学习的策略及体现这些策略的48种在线学习活动的设计方法，既可以帮助教师提高在线教学能力，也可以促进学生深度学习的发生，提升在线教学的质量，让在线教学真正走向高水平和高质量。此书第一章扼要介绍了在线深度学习的特点、表征及促进策略；第二章到第九章分别介绍了促进在线深度学习的认知、情感和行为三个维度共8种策略、48种在线学习活动的设计方法及实践案例。

书中活动的设计方法简单易学，过程、技巧、环节都经过教学实践验证，无论哪个学科、哪个教学阶段的教师都可以选取并直接用于在线教学或线上线下混合学习的日常教学中。

本书形成过程中，温慧群、陈怡霖、周艳洁、唐冬梅、乔金秀、张晗和冯越参与了教学实践的组织实施；写作过程中，韩蓉、宁秀文、周子祎、王旗和吴迪参与了资料、案例整理和微课制作；编辑出版过程中，李杰静、尚于力等编辑进行了文字的精心编校和图书设计。在此一并表示感谢！

这是一部帮助教师出色地开展线上教学的书。

这是一部帮助教师有效设计在线学习活动的书。

这是一部帮助学生主动学习的书，一部指导学生深度投入到学习过程中的书。

希望这部书能成为教师在线教学的实用指南和方法支撑。

穆 肃

2021年春于广州

2020 年度教育部人文社会科学研究一般项目"以全球胜任力为导向的本土国际化人才培养路径研究",批准号:20YJC880135。

2019 年度广东省高等教育教学改革项目"金课建设背景下利用在线工作坊促进大学生深层次学习能力的研究"。

目 录

第一章
在线深度学习及策略

主要内容

什么是在线深度学习？

在线深度学习为什么重要？

促进在线深度学习发生的策略有哪些？

有哪些在线学习活动可以促进深度学习的发生！

第一节
在线深度学习概述

1. 在线学习

互联网技术发展使人们有了多样化的学习途径、学习方式和认知活动。在传统教学中，要想使设计出的课程易于学习，通常要把它设计为独立完备的、能提供统一学习经验的课程，但在"互联网+"时代的在线教学中，情况不再是这样。在线教学不等于把传统教学搬到网络上（图1-1）。在线教学中，学生可以利用多样化的技术和应用软件、海量的网络资源、各种在线"课堂"或"课程"中的学习活动，自主开展并管理学习；教师则指导和帮助学生进行逻辑推理、获得知识意义及开展自我导向的学习。

图1-1　在线教学不等于把传统教学搬到网络上

在新冠肺炎疫情出现前，在线教育和远程学习产生的推动力与限制因素主要是经济因素和个体需求。人们有着多样化的学习需求，常规线下教育模式不能满足这些个性化的学习需求，技术的应用为满足这些学习需求提供了一种解决方式，即远程教学。远程教学的学习设计和资源开发是有生命周期和成本的，需要兼顾效率和效果。

很多时候在市场需求的引导下，效率被放在首位，效果则在其次。因此，人们通常所看到的在线教学项目更多的是将课堂教学或传统教学录制后，用网络的形式进行传播的资源和测试题。这类远程教学项目如快餐食品一样，制作快、周期短，但养分少；学生的学习感受也如吃快餐食品一样，虽然感受到很大的便利性，但是只汲取到极少的智慧营养。因此，这类在线教学通常只能被当作学校正规教学或正式课程之外的替代性选择。

但是在新冠肺炎疫情期间，在线教与学成为教学实施的唯一选择。以往快餐一样的在线教学既不能实现已有的对教与学的认识和理解，也不能充分发挥各种可用技术的作用和优势。人们必须认识到，仓促地把课堂教学的方法移到网络上，忽视公认的有效在线学习特点、远程学习的规律和远程教学方法，没有创造性地利用技术的潜力开展在线教学，将会让在线教学错失担当教学变革重任的机会，并有可能再难得到公正的对待。

2. 在线学习和在线教学的特点

● **"互联网＋"背景下开展的在线教学，是一种不同于课堂教学的新的教学方式**

许多教师、课程设计者在努力利用技术，把在互联网上实现熟悉的"课堂教学模式"作为在线教学的理想状况。很多平台的开发者、教育机构都极力展示自己的虚拟课堂和网络数字平台就像传统的面对面课堂或课程一样，以期能带给教师和学生的体验是在网络上进行课堂教学。

这种对在线教育的理解与人在利用新技术时的"重复模式"同出一理。人们总想用原有的方法去使用新技术，而不是熟悉新技术从而创新性地使用它。因此，新技术的"新"总是被缩小或无视。人们对在线教学的认识在技术能提供多样化应用可能性的情况下，需要改变了。

不同于基丁网络的以传递学习内容、共享学习材料和管理学习成绩的为"教"服务的第一代在线课程为主的在线教学，"互联网＋"环境中的在线教学是以网络课程或网络直播空间等为学习环境，综合利用多种技术，有效接入互联网资源，让学生通过沟通、信息访问、模拟、操作、互动等，获得丰富学习经验的学习过程。本书所有分析都是基于对在线教学的这种理解和认识进行的。

● 在线教学中，教与学的分离是一种选择和现实

在当下，远程教学中的距离不再是一个需要克服的障碍，而是一种选择或机会，让学生有了选择是异步学习还是同步在直播中学习的机会，他们自主选择的同时也需要学会调控学习，这是学会独立学习的难得机会。

独立自主学习能力和方法的形成不是一蹴而就的，需要从基础教育阶段就开始培养。当然这不等于让学生的学习我行我素或自生自灭，教师将在教学中引导和帮助学生学会独立自主学习，帮助他们有效获取、不断丰富、联系和应用学习经验，避免孤独、零散和无序的学习。

● 在线教学应从促进学生学会学习的角度来设计和实施教学、理解和应用技术

教师所熟悉的课堂教学模式至今大多数仍以"教"为中心。现在的学校及其教学深受工业化的影响，教学过程通常设计周密，课堂像工厂生产一样按流程执行教学，以批量的方式教育学生。这种方式的前提是学习是一种产品，通过教师的工作就可以制成，但事实上学习是一种过程，同样的"教"之下会有不同的结果。这些结果既不是教的内容简单转化而成的，也不是简单地以记住多少事实或把解决问题的方法"套路化"记背下来再套用来衡量的，更不应是记背的熟练性和准确度。

在由技术搭建的网络学习空间中开展的在线教学，不应重复工厂化的教学，应该利用技术建构的多维空间，帮助学生发挥潜能，进行知识的意义建构并迁移应用，积累学习经验，开展持续有效的学习。

从这个意义出发的在线教学，绝不是让学生单纯为考试而学习的教学，而是帮他们准备好应用知识和技能去解决各种真实的、结构不良问题的过程。学生在学习过程中要学会对没有唯一答案的真实问题进行分析，对可能的解决方案进行批判性推理，对提出的解决方案进行比较和论证。

课堂教学受固定时间、空间、交互方式和教学流程等限制不容易做到上述的教学，而在线教学中，学习场所、空间、时长和步调的冗余度更大，学生对学习过程有更多控制权和自主性，他们更可能建构自己对知识的理解，形成自己的学习经验，这是在线教学的优势所在。

因此，千万不要用"能真实再现课堂教学"的视角来看待在线教学及其支持技术，而要从发展学生的学习经验和解决问题的能力来设计和实施在线教学。这样，教师理解和应用技术的角度与思路也将不同，创新性的应用有可能发生，技术的优势也可能出现。

3. 深度学习

"深度学习"（或"深层次学习"）一词最早由马飞龙（Ference Marton）和罗杰·塞里欧（Roger Säljö）提出。其研究考察了学生对一项特殊任务的处理方法。他们要求参与研究的学生阅读一篇文章，并告知学生读后会被问到有关阅读内容的问题。学生采用两种不同的方法来完成任务：第一种是采取一种深度学习的方法尝试理解文章中的观点；第二种是试图记住文中的事实和细节，重点放在记住他们认为以后会被问到的问题的对应内容上，使用的是死记硬背的学习方法，或者称为"浅层次的方法"。研究者发现，学生对学习任务不同层次的理解和感知会使得学习结果的层次不同，同时学习过程也呈现出浅层和深层的差异。

索耶（Sawyer）在《剑桥学习科学手册》中对深度学习特点进行了阐述，指出深度学习是将新观点、新概念与已有经验建立关联，将知识归纳到相关的知识系统中，进行深度学习的学生具有批判性思维，等等。布鲁姆（Bloom）教育目标分类思想中也融入了"深层次学习"和"浅层次学习"的思想。如在认知目标分类中，记忆和理解强调对知识有浅层次学习，是最基本的目标，而应用、分析、评价、创造阶段即是深层次学习要达成的水平。

按照时间的发展，深度学习的概念也在逐步发展、清晰化中。深度学习的概念依次经历了学习方式取向、学习途径取向、学习目标取向、达成能力取向、学习过程取向五个阶段，如图1-2所示。深度学习在第一阶段强调学习方式是积极主动的，所学知识能够与先前的知识相联系，而不是死记硬背的学习，持这种观点的代表人物是马飞龙和罗杰·塞里欧。第二阶段强调深度学习是一种学习的途径，如韦格尔（Weigel）在其研究中指出："深度学习是通过探究式学习，经由对新观点进行批判性分析等途径，来提高元认知能力发展的学习。"第三阶段，研究者开始把深度学习作为一种学习目标，认为深度学习指向高阶学习目标，如应用、分析、评价和创造，代表人物有索耶等。第四阶段，深度学习被认为是帮助学生在21世纪发展、提升技能的必要条件，强调学生要具备迁移能力以适应未来的学习环境，其能力的达成体现在认知、人际和自我三个维度上。持该类观点的代表以四大组织为主，分别是国际学生评估项目（PISA）、美国研究学会（American Institutes for Research）、美国卓越教育联盟（The Alliance for Excellent Education）、威廉和弗洛拉·休利特基金会（William and Flora Hewlett Foundation）。第五阶段，2012年以来人们越来越关注学生的学习过程，开始从过程上对深度学习进行描述，很多研究者认为深度学习融入学习过程，其发生体现在学习过程的不同方面。持这一观点的代表人物是弗莱德里克斯（Fredricks）以及我国学者郭华、康淑敏等。

图1-2　深度学习概念经历的五个阶段

由此可见，人们对深度学习的理解逐渐从外显方法发展到内在能力，从单一认知维度发展到情感、社会性和自我发展等多维度，越来越深入，越来越接近学习活动的本质和目标。

4. 在线深度学习

在线学习中是否能出现深度学习？人们是怎么理解在线深度学习的？从学习方式、效果、体现和能力等方面对在线深度学习进行的分析，如表1-1所示。

表1-1　已有研究对在线深度学习的界定

角度	主　要　观　点
学习方式	兴趣、应用和理解是在线深度学习发生的几个关键要素，当学生能够联系课程的主题，找到有价值的信息，并且学会如何应用在真实世界情境中，则可以说深度学习发生了（DeLotell，2010）
效果	高质量的在线学习需要达到能够和同伴交互和协作，将新知识和已有经验相联系，立即应用，能够自我反思，能够自我调节学习等目标（Cercone，2008）

角度	主 要 观 点
体现	在线深度学习应该体现在认知、社交和情感三个方面。学生的认知参与可以定义为学生能够进行更高层次知识获取的程度；学生的社交参与，即在线学生的社交建构，指的是个人的社交互动能力，因而要培养在线课程中学生与同龄人的社交意识；情感参与意味着在线学习的情感体验，主要表现为学生对学习过程和结果的满意程度以及喜欢程度（Garrison，2000）
能力	掌握核心学术内容、批判性思考并解决复杂问题、工作协作、有效沟通、学会如何学习，以及培养学术思维（Betul，2014）

　　DeLotell（2010）认为在线深度学习强调学生能应用所学知识，是认知层面上的表现。Cercone（2008）提出高质量的在线学习在认知层面的表现是能够联系先前经验，能够进行应用。Garrison（2000）也认为在线深度学习在认知层面与常规教学中深度学习需达成的目标是一样的，即达到高阶目标。综上所述，在认知层面上，在线深度学习与常规教学是一致的。另外，由于在线学习环境中学生学习以独立自主的学习和基于虚拟网络空间的协作学习为主，为此Cercone在对在线深度学习的概念进行阐述时，强调了自我反思以及自我调节的重要性，同时认为在线协作交流也是深度学习的重要特征，这是从在线学习行为维度的考虑。Betul（2014）对在线深度学习的界定也主要从行为维度进行，强调问题解决，有效沟通。由于在线学习过程中师生分离，学生的情感参与显得十分重要，因此Garrison在界定在线深度学习时，融入情感维度，认为在线深度学习在情感层面的体现主要为学生对学习过程和结果的满意程度以及喜欢程度。这些研究表明，对在线深度学习的认识是在对常规深度学习认识基础上的发展，它除关注认知维度外，还注重从行为维度和情感维度理解、认识深度学习。

　　Fredricks（2014）认为多方位提高学生的学习需要从学生的行为、情感和认知等方面展开，这三个维度涉及学生的思考、感觉和表现的整体状态，从这三个维度展开教学才能真正促进深度学习。Lee等（2015）从学习投入的角度对在线学习质量进行了研究，认为在线深度学习不仅在行为上表现为阅读课程资源、提问、参与交互活动和完成作业等，更重要的是在认知上表现为学生在甄选、评价相关信息和资源时所付出的心智努力程度，并将新知识迁移运用到不同情境的主动性，在情感上表现为对取得的成绩感到满意、乐于参与学习活动以及在同伴交互中保持自我价值感。

对在线深度学习的认识可体现在学生对学习过程的参与程度上，具体体现在三个维度的参与。一是情感维度，主要表现为对学习过程和结果的享受、满足程度等；二是行为维度，包括参与学习、交互活动情况，如积极提问、主动回应他人、阅读课程资源等；三是认知维度，即学生完成高阶学习目标的程度，如学习中能达成迁移运用、问题解决等高阶认知目标，如图1-3所示。

图1-3　在线深度学习的三个维度

1. 在线深度学习的重要性

21世纪以来，随着科学技术的发展和经济全球化的推进，深度学习跨越了认知界限，融入时代元素。深度学习能力成为社会迫切需要的学习能力，促进学生的深度学习成为学生、教师、教育行政管理部门共同关注的热点问题。教师、教育管理者不一定都明确自己所从事的教育教学活动能促发学生的深度学习，但所有人都认同深度学习能让学生在掌握核心课业内容的同时，发展学生的批判性思维，培养他们解决复杂问题、合作和有效沟通的能力，最终培养出有学术心态和终身学习能力的自主学习者。

在构建学习型社会的过程中，随着互联网、移动互联网等信息技术的不断创新发展，教学从线下为主的单线实施，走向了线上教学并行和线下线上教学的融合，在线教学成为教学中的新常态。在备受关注的同时，在线教学也因其质量参差不齐、学习投入度不高、学习体验不佳等受到质疑和诟病。2020年春季学期的全员在线教学实践和不少研究表明，当下的在线教学中，在线学习多停留在浅层次水平上，学生的主要学习活动为观看教师的直播授课、播放教学视频、阅读材料等。按学习金字塔的划分，这些学习活动都属于被动学习，多停留在了解事实、识记概念等低阶学习目标的达成上，缺乏主动学习，少有深层次学习的发生，学习成效不佳，学习体验也受影响。

在线教学中，师生处于时空分离的状态。学生根据自己的需要和实际情况自定学习步调，按照教学活动安排自主学习，因此学习自由度、自主性较高，但对学生的自我控制、自我协调和自我组织能力有很高的要求。在教学过程中，因生活或身边事务等的干扰，身边缺少学习同伴，也难以及时获取教师的帮助，学生常不能投入地学习，不易深入地思考，更较少对学习内容进行系统梳理等，较难自发进行深度学习，也影响了学习成效。

要提升在线教学的质量，需要从在线学习的体验和成效入手。教师利用有效的在线教学策略，设计学生能主动参与的学习活动，促进深度学习的发生，帮助学生提升学习体验和成效，在线学习才能有效、持续地开展起来。

2. 促进在线深度学习的策略分类

2012年美国国家研究委员会（United States National Research Council）在定义深度学习和21世纪技能委员会《为生活和工作而教育：培养21世纪可迁移的知识和技能》（*Education for Life and Work:Developing Transferable Knowledge and Skills in the 21st Century*）报告中提出深度学习是个体能对某种情境中所学的知识进行思考，并将其应用于其他情境中的过程。换言之，即是学生在对所学的内容有深入理解的基础上，能创造性地将其用于真实问题的解决中。在问题解决的过程中，他们需要对相关知识方法进行批判性分析和创造性整合应用，需要与同伴进行讨论和协作，并不断形成自己新的认识和理解。

在线学习过程中，上述深度学习的表现依然存在，但因在线学习中师生分离的现实更强调学生的自主性、参与性及与同伴的协作。在线深度学习体现为学生积极地自主学习，主动地参与在线学习活动，善于合作，有创造性，开展批判性思维，在问题解决过程中不断提升自己的学习能力。

在线深度学习的发生可体现在情感、行为和认知三个维度上，使用不同策略可从三个维度上促进深度学习的发生。促进在线深度学习策略之间的关系如图1-4所示，侧重情感的策略有激励策略、参与策略、联系策略；侧重行为的策略包括反馈策略和交互策略；问题策略、重组策略和拓展策略侧重于促进有深度的认知。

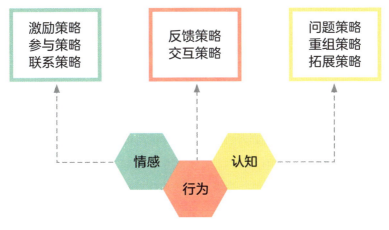

図1-4　在线深度学习策略分类

3. 促进在线深度学习的8项策略

（1）从情感上促进在线深度学习的策略。

在线学习中，深度学习必然带来更多的认知负荷，学生投入的时间、精力都大于被动的听讲或观看视频。因此，从情感上对学生进行激励，提供正向引导，让他们主动参与到学习过程和活动中，将当下的学习与现实生活、真实世界联系起来，明确深入学习的意义和作用，才能让他们坚持已开展的学习过程。从情感上促进深度学习的策略有激励策略、参与策略和联系策略。

激励策略指提升学生的学习积极性，提高自我效能感，让他们得到更好的在线学习体验。深度学习中的激励不只是简单表扬、点赞等，而是教师在学生需要时提供正面的肯定、引导性的评述和对学生坚持的具体支持，保障深度学习的动机不因困难、困惑而中断，促使学习得以持续开展。

参与策略指鼓励学生积极参与，充分调动学生在情感上参与的意愿，并在学习过程中对学生的参与不断进行正向强化，帮助他们主动参与深度学习。在线深度学习中的参与性体现为学生参与相关任务或活动的强度和情感质量，通过持续的参与行为及其对任务完成的总体积极影响或情感。

联系策略指让学生解决现实问题或者参与某种真实任务来增强自身的学习主动性。教师将课程中的新知识与个人生活或职业活动相联系时，学生就会更有动力掌握知识。

（2）从行为上促进在线深度学习的策略。

在线深度学习过程中，学生需要根据反馈进行自我反思与自我调节，积极地参与各项具体活动，做出各种具体的行动。为了能让学生产生批判性思维，形成自己对事件或观点的看法，创造性地提出问题解决的方法等，教师需要采取相应的策略对学生的行为进行指引和督促。

反馈策略指教师从自我行为调节的角度，在教学中为学生提供及时的反馈，引导其深度反思学习状况，及时调整学习策略、学习状况等。

交互策略指教师从与他人交互的角度，组织实施多层次、多维度的交互，促进在线学习学生之间的深层次互动。形式多样的社会性交互活动能够有效消除时空分离带来的距离感，促进学生在网络学习平台上开展深度学习。

（3）从认知上促进在线深度学习的策略。

在线深度学习的认知活动不再是接收信息和记忆信息，学生需要利用所学的知识进行高阶认知加工，如概念的迁移、规则的应用、变式的辨析等，因此在线深度学习中的认知负荷较大，常常会给学生带来挫败感或引发学习中断。

问题策略指让学生尝试运用所学知识来对真实问题进行分析，理清问题解决过程中的关键点、步骤和方法，形成自己的问题解决方法或方案。这个过程让所学知识与真实世界紧密关联，引发高阶思维和深入协作。

重组策略让学生将新学的知识技能和已有的知识技能建立连接，促进知识结构的发展，发生有意义的学习。学生通过概念的重组能产生创新性的观点。

拓展策略可以推动学生学习额外的知识，对已有知识形成新的认识，拓展学生的思维。

促进深度学习的 48 种在线学习活动

1. 促进在线深度学习的48种在线学习活动

学习活动是在线学习过程中促进深度学习发生的重要途径，促进深度学习的各项策略都需要通过活动的设计和实施落到实处。结合十多年来远程教育与在线教学实践和研究中提出的各种在线学习活动，本书梳理出系列能突出体现某一项策略的学习活动，如表1-2所示。

这些在线活动主要来源于三个方面：一是借鉴和参考邦克（Bonk）等梳理的100个在线学习活动；二是观摩和总结了在线课程和直播教学实践中的在线学习活动；三是来自作者教学实践中设计和实施的在线活动。对应于深度学习的策略进行归类，整理得出能体现8项学习策略的在线学习活动共48个。

表1-2　促进深度学习的在线学习活动分类

策略	活动名称					
激励策略	嗨体验	畅所欲言	大胆说	我要上热搜	我要抢答	每周之星
参与策略	好物安利	网上冲浪	我型我秀	圆桌会议	轮班助理	思维蓝图
联系策略	技术达人	新闻时评	我的故事	原因所在	他山之石	在线探究

策略	活动名称					
问题策略	提出问题	分析问题	寻找解法	确定方案	反思过程	问题解决
交互策略	边玩边学	共同书写	问题串烧	主题辩论	我思我见	观点上墙
反馈策略	有求必应	逐级提问	评星定级	实时投票	轻松一刻	互评互议
重组策略	知识接力	打破常规	完美组合	最靓文字云	观点荟萃	课后五分钟
拓展策略	实时探索	同上一堂课	身临其境	思维无极限	百变大咖秀	知识竞赛

2. 在线深度学习的策略与活动之间的关系

采用促进在线深度学习策略的目的是提升学习参与、学习投入和学习体验。为此，促进深度学习的各项策略并不是单独应用，互不关联的。这些策略可以在教学中混合应用，各有侧重又协调配合地共同作用于在线学习。如图1-5所示，以在线深度学习发生为核心的策略模型和相应在线学习活动，更好地展示了深度学习、相应的8项策略和48个在线学习活动之间的关系。该模型的中心是在线深度学习，与在线深度学习三个维度的体现直接对应的策略形成了策略层；最外层是实践层，由各项策略相对应的在线学习活动构成。

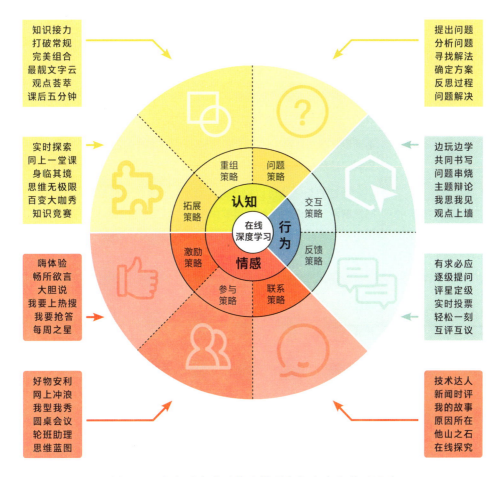

知识接力
打破常规
完美组合
最靓文字云
观点荟萃
课后五分钟

提出问题
分析问题
寻找解法
确定方案
反思过程
问题解决

实时探索
同上一堂课
身临其境
思维无极限
百变大咖秀
知识竞赛

边玩边学
共同书写
问题串烧
主题辩论
我思我见
观点上墙

嗨体验
畅所欲言
大胆说
我要上热搜
我要抢答
每周之星

有求必应
逐级提问
评星定级
实时投票
轻松一刻
互评互议

好物安利
网上冲浪
我型我秀
圆桌会议
轮班助理
思维蓝图

技术达人
新闻时评
我的故事
原因所在
他山之石
在线探究

重组策略　问题策略　交互策略　反馈策略　拓展策略　激励策略　参与策略　联系策略

认知　行为　情感　在线深度学习

图1-5　在线深度学习策略模型和相应在线学习活动

本书接下来的章节将详细介绍8项策略及每项策略下的6种在线学习活动。每项在线学习活动都将阐述其设计方法并提供相应的实例。

3. 在线学习活动的设计框架

本书中的48项在线学习活动主要从活动名称、组织形式、活动描述等9个方面进行设计，具体内容如表1-3所示。

表1-3　促进深度学习的在线学习活动构成要素

要素	描述
活动名称	在线学习活动的名称，新颖有趣的名称可以让学生对活动快速产生兴趣
组织形式	按照学生在学习活动中的参与方式不同，分为学生独立完成和小组合作两类，有些活动可采用两种形式进行
活动描述	活动设计的主体部分，主要包括活动开展的意义、案例来源、实施流程、注意事项等内容
提升技能	学生通过参与活动可以提升的能力，包含高阶思维、批判性思维、问题解决、知识的迁移运用等体现深度学习特征的能力，还包括信息检索、沟通交流及协作等能力
学习成果	为学生参与活动后形成的一些可视化的、可评价学习情况的资料，如形成的作品、发表的观点等形成性成果；学生活动中的参与情况等过程性成果
学习工具	开展在线学习活动需要借助的技术工具，如在线学习平台及某一功能、直播教学平台及其功能、支持学生进行在线协作活动开展的软件等
评价方式	按照评价主体不同可以分为学生互评、教师评价、学生自评三类，每类活动根据具体的需要选择其中一种或多种方式
持续时间	不同在线学习活动持续时长不一，如直播课中的在线学习活动一般持续时间在5～10分钟左右；非直播课的活动可以根据活动的难易程度及复杂情况等安排时间，持续时间在一周内；有些活动适合在整个教学期间多次安排，持续时间相对较久长
难易程度	活动实施的难易程度： ★表示非常容易 ★★表示较容易 ★★★表示一般 ★★★★表示较难 ★★★★★表示非常难

第二章
激励策略

孩子需要鼓励，就像植物需要水。

——鲁道夫·德雷克斯

第一节
激励策略的原理

1. 激励策略

激励是人类活动的一种心理状态，它可以加强和激发学习动机，从而推动并引导学生的行为朝向预定的目标方向，从而达成目标。通常而言，一切个人内心要争取的条件，如欲望、需求、希望、动力等都可以构成人的激励。

激励策略是指组织系统中，激励主体通过激励因素或激励手段与激励客体之间相互作用关系的总和。在在线学习中，由于学生受社会文化、个人背景、学习场景等各方面的影响，一般情况下外部因素对在线学习动机的影响相对较大。与此同时，深度学习需要学生投入更多的精力和时间，内部学习动机也很重要，只有学生内部自发地想进行更深度的学习，才可能坚持深入思考、不断寻找解决问题的方法、开展创造性活动，从而进行有意义的学习和主动的知识建构。因此，在线教学要重视学生内部学习动机的激发。

一个被激励的学生更有可能成为一个成功的学习者。在线学习过程中，教师要激励学生主动成为学习主体，让他们深度参与活动过程，并引导和鼓励学生主动提出学习中遇到的困难、找到解决困难的方法，例如，设计一些活动鼓励学生主动提问。邦克等在《激励和留住在线学习者的100个活动——TEC-VARIETY应用宝典》（*Adding Some TEC-VARIETY:100+ Activities for Motivating and Retaining Learners Online*）一书中重点强调，要利用激励策略来留住在线学习者并通过学习活动提升其学习效果。

2. 体现激励策略的6种在线学习活动

结合激励策略的特点，本书梳理了6种能够体现该策略的在线学习活动。

"**嗨体验**"活动中，教师为学生提供与学习内容相关的应用软件、游戏、虚拟仿真体验网站等，让学生进行体验，感受其中的乐趣，同时相互分享应用体验、感受和成果等，互相鼓励，从而形成激励。

"**畅所欲言**"活动中，学生被鼓励提出自己的期望和建议等，投票和调查结果可能被在线教师采纳用以安排和调整教学。通过该活动，教师了解并关注学生的偏好和想法，学生在学习中可能因此有更好的学习经历和体验，从而投入更多的时间和精力参与课堂教学活动。

"**大胆说**"活动鼓励学生大胆说出自己的观点，要求其他同学对他人观点进行正向评述和鼓励，从而推动学生积极"输出"，学会从正向的评述意见中反思自己的观点或想法，并不断地提升和发展自己的观点。

"**我要上热搜**"活动中，教师让学生先对指定话题发表评论，然后要求学生对自己认同的评述进行点赞，最后按照点赞数的多少进行排序，以此激励学生深入思考辨析他人的观点，进一步明确自己的立场。

"**我要抢答**"活动中，教师在线上直播教学中让学生抢答问题的情景，并让其他同学在讨论区根据同伴的回答进行回应。回应的内容可随教学的需求灵活设定，如是否明确表达过程，是否正确，是否能帮助自己理解所学习的知识等。

"**每周之星**"活动中，教师在一定时间内对学生参与活动的表现进行奖励或认定。例如，给学生积分、对某一学生的活动表现进行特别点赞、展示某些有启发性或创新性的作品、提供最受认同观点的排行榜等，以此鼓励学习中有积极表现的学生。

3.6种在线学习活动的逻辑关系

激励是保证在线学习的学生开启和参与深度学习的前提，也为学生持续开展和完成深度学习提供动力。本章的6种活动指向在线学习活动不同阶段和不同学习对象，它们之间存在一定的逻辑关系。这些活动按照学生和教师参与情况的不同可以分为学生主要参与和主导的、教师学生共同参与的、教师主导的三类激励活动。"嗨体验"和"大胆说"是以学生相互激励为主的活动，由学生发起并主动参与；"畅所欲言"和"我要抢答"属于教师引导下师生共同参与的激励活动；"我要上热搜"和"每周之星"则属于由教师主导，学生参与的、带有竞争意识的活动。6种在线学习活动之间的逻辑关系如图2-1所示。

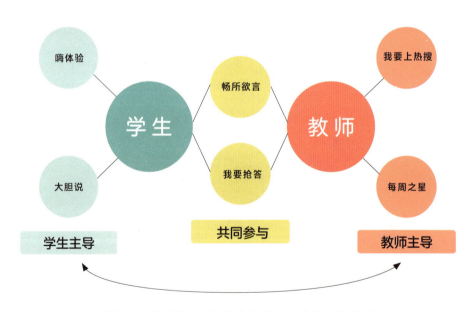

图2-1 激励策略下6种在线学习活动的逻辑关系

活动设计

- 活动名称：嗨体验
- 组织形式：学生独立完成
- 难易程度：★ ★ ★ ★ ★

　　活动描述：该活动通常设置在在线学习的开始阶段。结合教学的内容，教师为学生提供和课程相关的应用软件、游戏、移动APP、网上虚拟博物馆等，让学生体验与接下来的在线学习内容相关的事实、现象、方法或过程，让学生带着兴趣开启和进入在线学习。活动的目标不仅仅是停留在"玩"和"试"的层面，最主要的是让学生有所"感"和"悟"。他们需要在体验过程中分享体验活动中的感想，并能够联系所要学习的内容有所感悟。通常，学生体验完成后，需要分享自己体验过程中最有感触处的截图或者录屏，在讨论区用文字表述自己的领悟或感想，并与其他同学交流、讨论体验活动对接下来学习的启示。需要注意的是，有的课程可能找不到可以让学生体验的软件、APP和游戏等，教师可以提供一些和课程相关的视频等资料，让学生通过观看视频等进行间接体验。

该活动的一般流程如下：

教师提供相应的软件等 → 学生体验 → 学生发表体会

提升技能：通过该活动，学生对所学内容有了感受和认识；通过游戏化的趣味体验，激发学生进一步探索内容的动机；通过和同伴的互相交流、分享，激发对课程内容深入学习的动机。

学习成果：学生体验过程的记录及感受。

学习工具：与课程相关的体验软件或视频资料等，在线学习平台的讨论区等。

评价方式：教师根据学生提供体验活动的截图或录屏，联系学生发表的观点内容和得到的同伴回应进行评价。

持续时间：1~2 天。

活动案例

● 活动名称："嗨体验"——AR 立体画趣味体验

● 组织形式：学生独立完成

● 难易程度：★ ★ ★ ★ ★

活动描述：在教学媒体的理论与实践课程的第一次教学中，为让学生能更好地体验教学媒体的作用，教师为学生准备了AR填色软件，让学生体验AR技术支持下的填色与传统纸笔填色在教学中应用的异同。学生按指引自行下载"神笔立体画"APP后，任选一幅黑白底图进行着色，完成后由APP自动生成三维着色立体图、360度全视图，以及相应视频，让学生从中感受填色的三维光影效果和动态呈现。学生以截图或者录屏的形式将体验过程记录下来上传至课程讨论区，并与同学分享交流体验的过程和感受。该活动组织流程如图2-2所示。

设计与课程相关的趣味体验活动
　　在本课程开始前，教师紧跟学科前沿知识，设计AR立体画趣味活动，通过该活动激发学生对本课程的学习兴趣。

体验并发表感受
　　学生根据活动要求在手机或平板下载"神笔立体画"APP，体验AR涂色并在讨论区与其他同学分享体验过程和感受。

图2-2　活动组织流程

　　活动前教师于在线学习平台发起活动，详细说明活动要求，如图2-3所示。

图2-3　教师在课程讨论区发起活动

　　学生根据活动要求，自行下载"神笔立体画"APP，体验AR填色并在讨论区与其他同学分享填色体验过程和感受，如图2-4、图2-5所示。

图2-4　学生分享体验过程和感受（一）

图2-5　学生分享体验过程和感受（二）

　　提升技能： 本活动激发学生思考使用填色软件进行平面着色后生成三维填色效果的感受与常规纸笔填色的不同学习体验，感受教学媒体应用给教学带来的更多可能性和改变，从而提升他们对即将开启的新课程学习的热情。

课程的第一次在线学习活动让学生在开学第一课就感受到浓浓的科技感和趣味性，激发学生对教学媒体应用的兴趣。学生通过亲自动手涂色感受AR技术的趣味并用文字分享感受，提升了对AR技术应用的认识，也培养了动手操作能力与表达能力。

学习成果：一张涂色的AR图画与体验感受。

学习工具："神笔立体画"APP、砺儒云课堂平台的讨论区。

评价方式：教师根据学生是否提供AR涂色的截图或录屏，以及学生发表的体验感受是否真切进行评价。

持续时间：1~2天。

活动设计

○ 活动名称：畅所欲言

○ 组织形式：学生独立完成

○ 难易程度：★ ★ ★ ★ ★

活动描述：该活动引导学生在在线学习正式开始后，对各个章节的内容进行总体性了解，了解每个模块的学习方法及相互联系，根据自己的学习感受和需求提出对课程教学的建议。这一活动促进学生思考教与学的问题，使批判性思维活动得以开展。在学生提出建议后，教师将对其进行积极回应，并进行相应的在线教学调整。例如，有的章节内容适合开展自主探究学习，在学生提出相关建议后，教师要积极采纳并给予反馈，并鼓励学生参与到活动设计和组织实施中来。活动过程中，教师应该向学生明确活动要求，并对学生提出的期望和建议积极回复。

该活动的一般流程如下：

教师发布要求 ➜ 学生参与 ➜ 教师回复 ➜ 教师调整方案

提升技能：该活动帮助学生对课程内容和教学进行分析判断，结合自己的学习需求和实际体验提出对教学的期望与建议。由于学生的教学建议会得到教师的回应和采纳，学生在线学习的主人翁意识和参与积极性等均能得到增强。学生主动提出课程教学的建议与期望，有助奠定整个在线学习过程中学生需要主动输出并对教学过程进行反思的基调。

学习成果：学生提出课程相关的建议与期望。

学习工具：在线学习平台的讨论区或在线调查工具。

评价方式：教师根据学生提出建议的建设性、可行性和代表性进行评价。

持续时间：1周内。

活动案例

● **活动名称**："畅所欲言"——发表你对课程的建议和期望

● **组织形式**：学生独立完成

● **难易程度**：★ ★ ☆ ☆ ☆

活动描述：在教学媒体的理论与实践在线课程中，教师发起了"你对本课程的建议和期望"讨论活动。活动旨在引导学生了解课程基本信息，包括课程简介、教师简介、课程平台使用说明等，让学生在在线课程教学过程中畅所欲言，发表自己对教学的建议和想法。教师在在线教学过程中持续对学生的发帖进行回复，鼓励学生提出更多建议；同时教师还依据学生的合理期望与建议调整课程教学安排及学习设计，以达到理想的教学效果。该活动组织流程如图2-6所示。

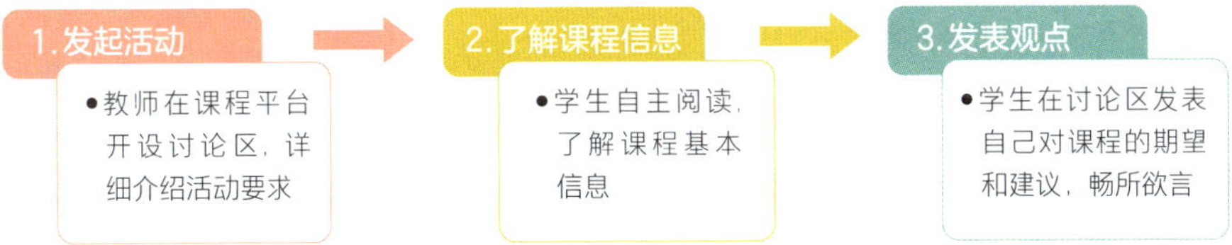

1.发起活动	→	2.了解课程信息	→	3.发表观点
●教师在课程平台开设讨论区，详细介绍活动要求		●学生自主阅读，了解课程基本信息		●学生在讨论区发表自己对课程的期望和建议，畅所欲言

图2-6　活动组织流程

教师在砺儒云课程平台开设讨论区，详细介绍活动要求，如图2-7所示。

图2-7　教师在课程讨论区发起活动

教学过程中，学生对教学有着自己的需求和想法，在深度思考后提出建议，如图2-8所示。有的学生注意到本课程后期能讲解不同类型教学媒体的应用，提出希望多一些实践活动。教师采纳了这一建议，在后续教学中安排了三次实践活动。

图2-8　学生发表建议和期望

提升技能：通过"畅所欲言"活动，激励学生在教学过程中思考学习内容、学习方法和教学安排，主动地投入到教学过程中。活动可提升学生的语言表达能力、逻辑思维能力和反思能力。

　　学习成果：学生对课程内容有了深入了解，结合课程大纲及教学活动提出对教学的期望与建议。

　　学习工具：砺儒云课程平台讨论区。

　　评价方式：教师根据学生发表建议与期望的数量及质量进行评价。

　　持续时间：1周内。

活动设计

● 活动名称：大胆说

● 组织形式：学生独立完成或小组合作

● 难易程度：★★★★★

活动描述： 在线学习中，学生多处于独立自主学习状态，教学存在感较弱。为解决这一问题，教师可以组织主题讨论活动，让学生大胆说出自己的观点、看法或理解。这类活动通常利用在线学习平台中的论坛或聊天工具开展。活动中，学生的发帖不再仅由教师进行回应，而更多的是学生之间相互回应交流和相互解答。学生在回应同学的问题或观点时，自己对主题的理解也得到了进一步的深化。学生通过扮演辅助教师的角色，学习动机也会得到加强。

另外，当学生于在线学习过程中遇到了困难，在论坛发表一些消极的感受时，学生之间还能相互鼓励打气。学生可以这样评论：你的想法是可行的，一定要坚持；对同学发表的有价值的观点给予好评，说明认同的理由并对其进行鼓励。学生之间的互相回复评论，一方面可以鼓励同伴，提升在线学习的社会存在感；另一方面，对鼓励他人的学生来说，自我效能感也能得到提升。

该活动的一般流程如下：

教师设置主题 ➡ 学生发表自己的观点等 ➡ 学生之间互相评论

提升技能： 通过该活动提升学生表达观点的积极性，同时促进学生之间相互帮助和激励。

学习成果： 学生之间互相评论、互相帮助、解决问题并得出的观点。

学习工具： 在线学习平台的讨论区或社交平台。

评价方式： 教师根据学生陈述观点的相关性、提出问题的真实性、对同伴回应的帮助性、对观点回应的建设性进行评价。

持续时间： 1~2 天。

活动案例

● **活动名称：** "大胆说"——说出你的想法

● **组织形式：** 学生独立完成或小组合作

● **难易程度：** ★ ★ ☆ ☆ ☆

活动描述： 在远程教学与学习课程在线教学中，教师于在线教学平台上传英文文献 *A Short History of MOOCs and Distance Learning*，要求学生认真阅读该文献，学生独立完成或小组合作，思考MOOC与远程教育之间的关系，在讨论区充分陈述自己的观点并与其他同学进行探讨。该活动设计流程如图2-9所示。

学习活动发起的情况如

1. 明确活动要求
3. 发表自己的观点
2. 阅读文献，深入思考
4. 回复其他同学的观点

图 2-9　活动设计流程

图2-10所示，教师要求学生阅读文献，讨论MOOC与远程教育之间的关系，并在线上与同学进行总结和梳理。

图2-10　教师在课程讨论区发起活动

每个学生在讨论区发表自己的观点，并与其他同学进行交流探讨，说明赞同或不赞同的理由，如图2-11所示。

图2-11　回复其他同学的观点

提升技能：通过阅读文献并形成自己的观点，学生深入认识MOOC与远程教育的关系；通过思考他人的观点并说出自己的想法，学生提升了辩证思维能力、逻辑思维能力和协作意识。

学习成果：学生对MOOC与远程教育关系形成的多样性理解。

学习工具：砺儒云课堂平台讨论区。

评价方式：教师根据学生陈述自己想法的情况和回复其他同学观点的积极性进行评价。

持续时间：1~2天。

活动设计

● 活动名称：我要上热搜

● 组织形式：学生独立完成

● 难易程度：★★★★★

　　活动描述： "我要上热搜"活动基于竞争学习心理，激发学生高质量地发表观点，争取同学更多的认同和点赞，类似于微博热搜。此活动激发学生把自己的观点送上热搜的好胜心，促进他们创造性、高质量地发表自己的认识、理解、考虑及思路。该活动由教师或学生选定主题后发布，学生利用自己已有的知识，对收集到的信息材料进行综合分析，针对这一主题发表自己的观点。教师要告知学生其他同学会根据其发帖的质量进行点赞，并按点赞数量进行排名，前三位的观点会置顶显示。学生在知晓这一活动规则后，根据主题分析材料、应用材料数据和已有知识撰写发帖内容时会更加谨慎，对回帖的内容会更加深思熟虑，这其实已经开启了分析、辨析、归纳等思维活动，开展了深度学习。活动中，学生发展的高质量内容会得到同伴更多的好评，排列在前面。来自同伴的认同对学生是更好的激励，可促进他们更多、更主动地参与在线学习。该活动实施前，教师需要制订详细的活动要求并让学生知晓规则。教师可以选定一名学生助教帮助统计每名同学帖子的点赞数量并及时更新每次的点赞数排行榜，也可利用教学平台的统计功能，设计按获得的点赞数量降序排列学生发表的帖子。

该活动的一般流程如下：

> 教师发布话题 → 学生发表观点 → 选出热点观点

提升技能：学生的竞争意识得以增强，为了得到更多的点赞数，能够更加深入地思考问题，有助提高学习质量。

学习成果：学生发表的帖子以及对其他同学的回帖。

学习工具：在线学习平台的讨论区（具有点赞、评论、设置荣誉榜等功能）。

评价方式：教师根据学生发帖的内容质量及获得的点赞数进行评价。

持续时间：1周内。

活动案例

● **活动名称：**"我要上热搜"——"与仲永对话"上热搜

● **组织形式：**学生独立完成

● **难易程度：**★ ★ ☆ ☆ ☆

活动描述：本案例选自人教版语文七年级下册《伤仲永》的在线学习。在《伤仲永》的线上直播教学中，教师发布了开放性话题"与仲永对话"，要求学生结合对仲永的了解，把想对仲永说的话发布到直播平台的讨论区中，同时对自己认同的对话点赞，最后点赞数量最多的对话将被选为精选评论，在评论区置顶。该活动组织流程如图2-12所示。

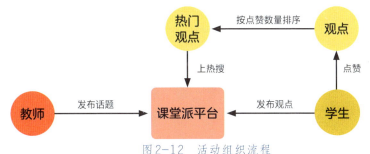

图2-12 活动组织流程

教师在课堂派平台发布如图2-13所示的话题任务,要求学生扮演仲永的朋友,在讨论区写出想对仲永说的话。

图2-13 教师发布活动任务

学生接收到任务后,结合仲永的背景和经历,深入思考发表什么内容才能真正帮助仲永明确自己的情况并给他一些改变的建议。同学们的留言只有点明仲永遇到的问题,用适当的方式让仲永觉醒,并帮助他找到解决的方法,才有可能得到其他同学的关注和认同。这一过程即是一次综合运用知识解决问题的过程,深度学习就发生在撰写话语的过程中。学生获得点赞,观点上热搜,即使得学习的成果得到认同,可以激励他们以后能持续深入地学习。图2-14中,孙同学的观点和内容获得的点赞数量最多,因此被选为精选评论。

图2-14 学生发表的"与仲永对话"

提升技能： 让学生扮演仲永的朋友，劝说仲永，可以培养学生的想象能力和对朋友的真诚与责任感；学生把自己想对仲永说的话发布出来，锻炼了学生的语言组织能力；"我要上热搜"活动通过对学生深度学习成果的及时鼓励，提升学生学习的内在动机。

学习成果： 学生对仲永说的话。

学习工具： 课堂派平台、微信、QQ。

评价方式： 教师根据学生对仲永说的话是否具有批判性，以及学生获得的点赞数量进行评价。

持续时间： 1周内。

活动设计

- 活动名称：我要抢答
- 组织形式：学生独立完成
- 难易程度：★★☆☆☆

活动描述： 2020年春季学期在线直播教学的实际情况说明，如果教师以讲授为主，学生被动学习，师生之间交互较少时，教师不能及时了解学生的想法和学习情况，学习效果不佳。为此，教师可以让学生通过连麦，用语音主动交流。首先，教师结合教学内容，提出问题，给学生连麦抢答的机会。学生连麦成功后回应教师的问题，教师针对学生的回答情况进行点评，同时也要求其他同学在讨论区对该同学的回答进行点评，用送花等形式对回答问题的同学进行鼓励。连麦的学生得到来自教师和同学的鼓励，学习的信心和兴趣进一步提升。这对其他同学也形成一种激励，在教师提出问题时也会积极连麦抢答。更多学生参与到连麦抢答活动时，学习参与的积极性被调动起来，外在学习动机得以提升。教师注意一定要营造鼓励的氛围，让学生敢于参与连麦回答问题。

该活动的一般流程如下：

教师提问 → 学生抢答 → 反馈与评价

提升技能： 该活动可以提升学生的语言组织能力、归纳总结能力。

学习成果： 学生对问题的回应内容。

学习工具： 在线直播平台的连麦、点赞、送花功能等。

评价方式： 教师和其他同学对学生的回答情况进行评价。

持续时间： 10分钟内。

活动案例

- **活动名称：** "我要抢答"——英语直播课抢答活动
- **组织形式：** 学生独立完成
- **难易程度：** ★ ★ ☆ ☆ ☆

活动描述： 人教版英语五年级上册预备单元第4课时通过钉钉进行直播授课。教师请学生用years old，birthday，is from，loves，can等关键词描述一位朋友，学生通过举手连麦的方式进行抢答。该活动组织流程如图2-15所示。

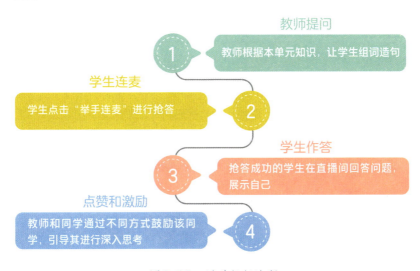

图2-15　活动组织流程

学生点击"举手连麦"进行抢答，抢答成功的学生回答问题，如图2-16所示。针对该同学的回答情况，教师给予表扬，同时要求其他同学在讨论区进行点评，还可以给该同学送花、点赞等。在接下来的教学过程中，教师提问时，其他同学积极抢麦回答问题。

图2-16　学生连麦回答问题

提升技能：教师给学生举手连麦的机会，激励学生主动发言。学生回答问题的过程就是一个知识加工的过程。学生回答正确可得到表扬与点赞，得到鼓励后，学习更有信心；回答错误则查漏补缺，及时改进。

学习成果：学生用英文描述 my friend。

学习工具：钉钉。

评价方式：教师根据学生抢麦的积极性、次数、回答情况和其他同学的鼓励、点赞数进行评价。

持续时间：3~5分钟。

活动设计

- 活动名称：每周之星
- 组织形式：学生独立完成
- 难易程度：★★★★★

活动描述：在线学习中由于师生时空的分离，教师需可以设定一些激励方式，让学生为了得到奖励而更加投入到开展在线学习中。目前很多在线学习平台都有虚拟勋章功能，让学生积累经验值或积分等。通过这种形式，平台记录及统计学生在一周或者是一个月之内的总分及不同活动的积分和排名情况。在了解到自己的积分或者是经验值排名后，排名情况较好的学生会努力保持，相对较后的学生则需要努力追赶。通过这种学习平台中排名或积分奖励的设置，不同学习情况的学生都能受到激励，不断进步。教师还可以组织学生之间留言互相鼓励，让学生看到经验值的排名后，发表一句对其他同学鼓励的话。活动中教师需要详细介绍活动积分规则，营造出激励的氛围。

该活动的一般流程如下：

教师发布任务 → 学生完成任务 → 评选本周之星

提升技能：不同学习情况的学生通过积极参与活动，自我鼓励，不断提升自己的经验值。学生学会互相鼓励，共同进步。

学习成果：学生获得的学习经验值。

学习工具：在线学习平台的积分排名功能。

评价方式：教师根据学生积分或经验值的排名情况，以及学生在某一个阶段内的学习成绩进行综合评价。

持续时间：不固定（可以是1周、1个月或1个学期）。

活动案例

● **活动名称**："每周之星"——小学数学课评选"每周之星"

● **组织形式**：学生独立完成

● **难易程度**：★★★★★

活动描述：在小学三年级数学在线教学中，教师借助蓝墨云班课平台开展教学活动。教师将每一次的学习活动任务发布在蓝墨云班课平台上，学生根据要求完成任务。教师根据学生的完成情况给出相应的经验值，学生之间相互评价并给出相应的经验值，每名同学的总经验值为教师和其他同学给出经验值之和。每周经验值累计最多的学生即为"本周之星"。具体活动组织流程如图2-17所示。

1 教师发布任务
教师在蓝墨云班课平台上发布每周的学习活动与任务要求

2 学生完成任务
学生按要求完成平台上的任务

4 评选本周之星
每周经验值累计最多的学生即为"本周之星"

3 师生共同评价
教师和学生根据平台上提交的作业给出相应的经验值

图2-17　活动组织流程

图2-18为某学期在线学习前三周的经验值排行榜。由图可知，前三周的"每周之星"分别是崔同学、李同学、王同学和赵同学（第三周，王同学和赵同学经验值相等，并列第一）。

图2-18 前三周的经验值排行榜

学习平台还记录了每个学生经验值的来源以及学生在一周学习活动中的数据详情，有助于学生对自己本周的表现进行反思，如图2-19所示。

图2-19 一周学习情况可视化展示

提升技能：通过"每周之星"评选活动，激发学生的兴趣，提升学生的外部学习动机。该活动通过学生的学习活动数据详情以及学生互评，可以帮助学生精准地进行自我评价与反思学习情况。

　　学习成果：学生完成每周的学习任务。

　　学习工具：蓝墨云班课中的数据管理功能、学科学习APP等。

　　评价方式：教师根据学生学习任务的完成情况给出相应的经验值，学生之间相互评价并给出相应的经验值。

　　持续时间：1周。

第三章
叁与策略

只有行动才能给生活增添力量。

——让·保·里克特

第一节
参与策略的原理

1. 参与策略

深度学习是通过持续的参与行为及其对任务的总体积极影响或情感来体现的。积极深入的参与是深度学习的先决条件，通过深加工和多通道表达的学习可以直接将指令分解成更小的增量，这样可以分解认知负荷，降低知识迁移、协作项目、问题解决等的难度，让深度学习得以开展。参与策略旨在让学生积极主动地投入到教学过程和学习活动中。只有学生主动投入到学习中，学习动力才可能持续，有深度、有难度和有意义的探索、判断与分析等才会发生，学生才更有可能体会到学习的乐趣和成就感。

在线教学师生分离，教学存在感比课堂面对面教学弱，只有学生积极参与教学过程，才有可能体会到在线教学的存在。为此，教师需要为学生创造主动探求知识的空间，把学习主动权移交给学生，提供支持和脚手架让学生积极主动地参与在线学习，使他们真正成为独立自主的学生。

教师要鼓励学生积极参与，而不是让学生被动接受或旁观。在线教学中的每个学生都应参与到教学过程中，而不仅仅是那些积极的学生或经常参与活动的学生。这就要求学生在在线学习中通过主动参与学习活动合成和消化知识，形成自己的认知结构，发展创造性思维、问题解决能力和批判性思维，让有意义的深度学习真正发生。为此，教师应组织、调动学生参与学习活动，尽可能鼓励学生自己选择参与方式、次数或频度，进行主动的学习。

2. 体现参与策略的6种在线学习活动

在线学习中体现参与策略的学习活动具有多样结合和全员参与的特点，

本书梳理了6种能体现该策略的学习活动。

"**好物安利**"活动让学生通过向全体参与课程的同学推荐和分享自己认同的、最喜欢的学习资源，参与到在线学习中。

"**网上冲浪**"活动让学生自主查找感兴趣的课程学习资源，从而提高在线学习的参与程度。

"**我型我秀**"活动通过让学生展示与分享课程作业或作品，让每个学生都参与到在线教学中。

"**圆桌会议**"为在线学习中的学生营造平等对话的氛围，鼓励学生自由发表观点和看法，用他们熟悉的交流方式积极参与主题讨论或评述。

"**轮班助理**"活动让学生在固定时间段担任课程某章节的学习统筹人，参与组织课程活动和总结活动情况。

"**思维蓝图**"活动让学生一起对在线学习的内容进行分析、归纳和总结，并用概念图的形式将其呈现出来。

3.6种在线学习活动的逻辑关系

参与是在线学习最基本的要求。设计和实施能诱发学生主动参与学习活动，引发学生的深度学习。在线教学中，参与策略的使用旨在通过活动引发学生在线学习的主动性和积极性，激励学生主动输出，而不仅是被动输入。按照参与方式，体现参与策略的在线学习活动可以分为个人独立参与和小组参与两类。个人独立参与的活动有"好物安利""我型我秀""轮班助理"和"思维蓝图"。小组参与活动由几个同学以小组为单位共同完成，如"圆桌会议"和"网上冲浪"，这类活动中学生只需要承担小组中的部分任务，参与范围和程度不一。这6种活动都能促进深度学习的开展，如在"好物安利"

活动中，学生根据自己之前使用过的资源，联系现在的学习，将自己认可的学习资源推荐给大家。在学生选取推荐资源时，其实已经对使用过的资源进行了回顾、比较和分析，批判性思维活动已经开展，深度学习得以进行。"网上冲浪"对在线学生来说是一个动态、充满未知的学习过程，学生可以根据自己的学习兴趣和创造性来探索新的知识，甚至对一些现存问题大胆地提出想法。6种在线学习活动之间的逻辑关系如图3-1所示。

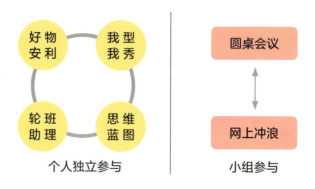

图3-1　参与策略下6种在线学习活动的逻辑关系

活动设计

- **活动名称：好物安利**
- **组织形式：学生独立完成**
- **难易程度：★★★★★**

活动描述：该活动以学生日常网上信息资源分享的形式来开展。教师可要求学生将他们最喜爱的一个或多个资源用链接或者其他形式发送到在线学习平台指定的栏目中，并提示学生了解和使用其他同学提供的资源，并对这些资源进行评价。学生通过推荐自己认为与在学课程内容相关度较高、有价值的资源给全体同学，既以输出者的身份参与到学习中，又可以获得其他同伴分享的不同视角的资源。学生在推荐资源时，会进行资源的比较、梳理、筛选等，有助提升他们对资源的审视和整合。如果学生共享的网络资源与教学内容高度相关，那么，这项活动可为所有学生和教师扩大学习材料范围、类型和数据数量。此外，教师可推荐以往课程教学中学生分享的资源给当前学生使用，为学生提供更多学习材料。

该活动的一般流程为：

梳理资源 → 共享资源 → 查看他人资源 → 提交点评

提升技能： 该活动通过分享资源，提高学生的搜索过滤信息和分析评估学习资源的能力。

学习成果： 学生分享与推荐的资源。

学习工具： 在线学习平台、课程微信群、QQ群等。

评价方式： 教师根据学生提供的资源数量以及与课程内容的相关度进行评价。

持续时间： 一周内。

活动案例

● **活动名称：** "好物安利" ——学生最喜欢的新媒体分享活动

● **组织形式：** 学生独立完成

● **难易程度：** ★ ★ ★ ☆ ☆

活动描述： 在教学媒体的理论与实践课程单元五"新媒体与教学创新"的学习中，教师发布"最喜欢的新媒体分享活动"。活动要求学生根据自己在讨论区分享最喜欢的新媒体应用的相关资料，其他学生浏览并体验之后，进行点评回应。此活动不仅能达到资源共享的效果，也能锻炼学生筛选信息的能力。该活动组织流程如图3-2所示。

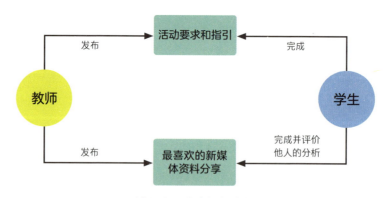

图3-2　活动组织流程

教师发布如图3-3所示的活动，要求学生根据自己的经验，通过网络查询和了解，推荐自己最喜欢的新媒体应用，同时查看其他同学分享的资源并给予点评回应。

图3-3　教师发布分享活动要求

学生学习了关于新媒体相关的理论知识和应用示例后，要在教师发布活动要求的讨论区中，分享新媒体应用平台、工具或APP等，并相互回应，如图3-4所示。

图3-4　学生对最喜欢的新媒体进行分享并相互回应

提升技能：该活动通过学生输出式的推荐过程，让他们参与到在线学习中来。学习资源推荐是搜索过滤、分析评估、比较反馈信息的过程，在此过程中批判性思维活动得以开展，学生的信息素养得以提升。学生通过学习他人分享的新媒体应用可加深对新媒体的认识和了解，拓展思路。

学习成果：学生推荐的新媒体。

学习工具：砺儒云课堂平台讨论区。

评价方式：教师根据学生分享的新媒体与课程的相关度、推荐的理由进行评价。

持续时间：1周内。

活动设计

- 活动名称：网上冲浪
- 组织形式：小组合作
- 难易程度：★ ★ ★ ★ ★

活动描述： 该活动让学生自行在网络中查找与指定主题相关的资源。活动首先要确定查找资源的主题，可以由教师根据教学内容确定主题，也可以让学生一起议定主题，然后学生在网络上收集相关资源并不断在学习平台汇总。资源汇集过程中，教师需要提供指导并跟进，以确保学生能围绕主题查找资源，查找的资源适用。教师可使用在线学习平台设置一个专门用于该活动的资源汇集区。在活动中，教师可询问学生查找资源的困难或疑惑并提供帮助；活动结束时，推荐较有价值的资源或相关性最高资源。在活动过程中，学生的学习不仅停留在信息的简单搜索上，而是更深入理解和筛选判断上。

该活动的一般流程为：

师生确定主题 ➡ 学生网络查找资源 ➡ 学生汇总资源

提升技能： 学生选取主题直接参与活动，通过动手查找网络资源来回应主题和学习相关信息。活动参与要求学生有较强的主动性，通过围绕主题查找资料及资源来提升资源查找的准确性，加深对相关知识内容的理解。

学习成果：学生围绕某一主题查找并整理的网络资源。

学习工具：浏览器、在线学习平台、资源分享平台或工具。

评价方式：教师从学生整理的资料与主题的相关度、回应主题的紧密度、资源的质量和数量等方面进行评价。

持续时间：一周内。

活动案例

● **活动名称：**"网上冲浪"——"教学媒体应用效果的研究"文献资源的搜索

● **组织形式：**小组合作

● **难易程度：** ★★★★★

活动描述：在教学媒体的理论与实践课程单元七"现代教学媒体应用效果的研究"教学中，教师要求学习小组分别关注教育技术学领域有影响力的一本学术期刊，围绕"教学媒体应用效果的研究"这一主题，检索某一年度该期刊发表的相关学术论文。通过快速阅读文章摘要明确教学媒体应用效果的研究主题，梳理文献核心观点并发布在学习平台。各小组确定期刊和文献检索年度，在中国知网或其他文献数据库搜索关于教学媒体应用效果研究的文献，对收集到的文献进行快速分析、讨论，之后形成总结发布在讨论区。该活动组织流程如图3-5所示。

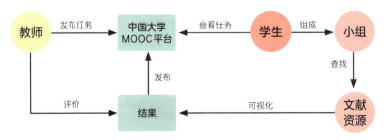

图3-5　活动组织流程

教师发布如图3-6所示的活动要求，各小组以《中国电化教育》期刊的某一年度文献为搜索范围，通过中国知网检索该期刊这一年内发表的与教学媒体应用效果研究有关的论文，要求学生通过快速阅读文章摘要，确定文章所研究的教学媒体、研究目的和方法。分析结果用概念图或分类图等形式上传到讨论区。各小组还需要推荐一篇小组认为最有阅读价值的文献给全班同学，并说明推荐原因。

图3-6　教师发布教学媒体文献搜索活动

各小组成员分工从中国知网收集并快速阅读与教学媒体应用效果有关的论文，经过讨论和整理，将总结发布于讨论区中，如图3-7所示。此活动让学生围绕教学媒体应用效果这一主题快速搜集文献并对其主要观点进行归纳，训练了学生敏锐、准确分析信息能力的同时，也锻炼了学生协同合作的能力。

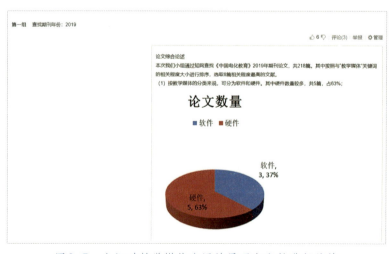

图3-7　小组对教学媒体应用效果研究文献进行总结

提升技能：学生以小组为单位开展活动，提升学生文献搜索、阅读、分析和归纳的能力，同时也锻炼了学生的团队协作和信息表达能力。

学习成果：学生对教学媒体应用效果研究文献的总结。

学习工具：中国大学MOOC平台、概念图绘制工具。

评价方式：教师对学生围绕"教学媒体应用效果研究"进行文献归类和观点总结的条理性、准确性进行评价。

持续时间：一周内。

活动设计

- 活动名称：我型我秀
- 组织形式：学生独立完成或小组合作
- 难易程度：★★★★★

活动描述： 在该活动中，教师让学生在规定时间内对自己的作品或方案进行展示和陈述。活动开始前，教师将限时展示规则清晰地告诉学生；活动中，学生在规定时间内展示和解说，时间截止展示结束，接着由下一个同学继续进行展示。每个学生都获得平等的发言机会，将学习从以听教师讲为主转向以学生讲为主。在某个学生展示过程中，其他同学可以在评论区进行实时点评。在活动中，教师可以借助计时工具定时和提示，训练学生在规定的时间内思考重点，找准讲解的主要内容并思考将这些内容有效表述给他人的方法。活动可促使学生整理自己的想法和观点，锻炼学生的总结归纳能力以及语言表达能力。

该活动的一般流程为：

教师讲解活动规则 ➡ 学生限时展示 ➡ 活动总结和反思

提升技能： 学生可以提升规划、演练、信息总结、提炼、理解、参与和沟通等能力。

学习成果： 学生对自己的作品或成果的展示。

学习工具： 在线直播教学平台、计时器、在线课程讨论区。

评价方式： 教师对学生在规定的时间内是否能完整、精练、准确、清晰地表达与陈述作品进行点评。

持续时间： 1~2课时。

活动案例

● 活动名称："我型我秀"——"远程教育平台的使用与分析"在线作业汇报

● 组织形式：小组合作

● 难易程度：★★★★★

活动描述： 在网络远程教育课程中，教师布置了让学生以小组为单位在1周内完成远程教育平台试用与分析的学习任务，要求各小组在直播平台进行汇报与展示，规定每个小组的展示时间为10分钟。该活动组织流程如图3-8所示。

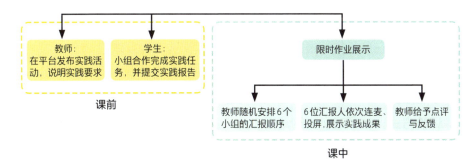

图 3-8　活动组织流程

首先，教师需要明确实践要求，让学生试用两个以上远程教育平台，以学生身份了解远程教育平台的学习系统、作业提交系统、教学资源系统、成绩查询系统、学习工具的功能和特点，分析比较不同远程教育平台的功能差异，最终形成实践报告提交至在线学习平台，如图3-9所示。

在直播课上，每个小组各选一名代表进行成果展示与汇报，展示方式为直播间连麦与投屏，如图3-10所

图3-9　"远程教育平台的使用与分析"实践活动

示。在学生进行限时展示的过程中，教师和其他同学可以在评论区发表评论，帮助汇报者找到自己陈述中存在的问题。

图3-10　学生实践作业展示

提升技能： 在本活动中，学生通过小组分工与协作参与实践活动，所有小组通过课堂展示参与课堂学习，学生不仅体验了实践的乐趣，还将实践成果表达出来，在展示与汇报的过程中深入思考实践过程及体验。

学习成果： 各小组提交的"远程教育平台的使用与分析"实践报告。

学习工具： BigBlueButton 直播间的屏幕共享功能。

评价方式： 教师对学生的汇报表现与实践报告进行点评和评分。

持续时间： 2课时。

活动设计

● 活动名称：圆桌会议

● 组织形式：小组合作

● 难易程度：★★★☆☆

活动描述：在线"圆桌会议"开展的前提是小组成员是平等的，具有平等发表观点的机会。"圆桌会议"开始前，需要先确定会议主题。主题可以由在线辅导教师提供，也可以由小组共同确定。该活动可采用同步或异步论坛，或者迁移到外部即时通信工具进行。活动中，针对主题，所有小组成员都要进行发言。学生6~8人为一组，每个小组需选出一名主持人主持该活动，一名提问者提出关键性问题，一名会议记录员负责记录发言内容并在会议结束后总结发言，归纳出大家讨论中的主要观点。在线辅导教师也要参与到会谈中，教师的作用是通过提示、协调、提供想法和额外的网络资源等来保障活动的顺利进行。每个参会人员不仅要发表自己的观点，还要对其他会议人员的观点积极回应。

该活动的一般流程为：

确定会议主题和分工 ➡ 小组在线交流讨论 ➡ 会议内容总结

提升技能：通过每个学生表述自己的想法，对他人观点的理解，可以提升学生对多种观点的辨析、内容审思、概念应用等批判性思维的能力。

学习成果：某一问题的解决方案或设计草案等。

学习工具：在线课程讨论区、腾讯会议、QQ群、微信群等。

评价方式：教师对小组成员的参与情况以及会议结果进行评价。

持续时间：1周内。

活动案例

● 活动名称："圆桌会议"——项目学习选题的论证

● 组织形式：小组合作

● 难易程度：★ ★ ★ ★ ★

活动描述：在教学媒体的理论与实践课程教学中，学生需要应用所学的方法、技能和原理开展项目学习。项目实施第一周的任务是让学生开展"圆桌会议"活动，进行选题论证。活动组织流程如图 3-11 所示。

2.明确角色
小组成员分配角色，角色包含一名主持人、一名问题提出者、一名记录员，其余为一般参与者。

1.确定分组
学生自由组合确定分组，6~8人为一组。

3.查找会议资料
所有成员在会议正式开始前需要查找并学习选题相关资料。

4.开展"圆桌会议"，确定小组选题
主持人把握会议议程，问题提出者提出关键性问题，小组成员各抒己见，记录员做好会议记录，最终确定小组选题。

图 3-11　活动组织流程

活动开始前，教师在课程平台发布活动要求，为学生提供选题参考资料并鼓励学生参与到小组"圆桌会议"活动中，如图 3-12 所示。

本周项目学习任务

以小组为单位，在"选题论证"讨论区里建立小组学习论坛，针对项目学习的内容，通过小组讨论，提出自己小组的选题，并采用网络交流形式进行论证。

📄 Unit 1-项目选题参考

💬 Unit 1-选题论证

图3-12 教师发布活动要求

学生以小组为单位明确角色，查找选题相关资料，自主选择开展"圆桌会议"活动的时间进行选题讨论，各抒己见，共同商讨选题，如图3-13、图3-14所示。

图3-13 砺儒云课堂"圆桌会议"

图 3-14　微信"圆桌会议"

提升技能：通过积极参与资料查找和思想表达，学生可以获得更多的学习经验。会议准备阶段，学生阅读与查找选题参考资料并进行对比、分析，提升了学生的信息搜索组织能力和批判性思维能力。活动进行中，学生需要发表自己的观点并提出相应问题。学生的深度参与促进了对选题相关方法和理论的深入思考。

学习成果：确定项目学习选题。

学习工具：微信、砺儒云课堂学习平台等。

评价方式：教师对小组成员的会议参与情况以及小组项目学习选题可行性等进行评价。

持续时间：1周内。

活动设计

- 活动名称：轮班助理
- 组织形式：学生独立完成
- 难易程度：★★★★★

活动描述：该活动也可以称为"单元助教"，即每周由一名同学担任课程助教，全班所有学生都将轮流担职。助教将承担的职责有：一是带领大家学习并总结指定的内容；二是在每次的讨论活动中引导其他学生进入讨论空间进行讨论；三是提出一些问题引发讨论，角色逐渐转变为讨论主持人。为履行这一职责，助教学生需要对担任助教那周所学单元内容非常熟悉。一周结束，助教学生将对自己这一周的助教情况进行总结，包括该单元的在线学习情况，如组织学生完成单元学习、以小组为单位完成任务和开展小组线上汇报等，最后对班级同学在线学习成效（作业、发表评论、分享资源等完成情况）做总结。课程教师可以担任第二主持人和总结者。通过这种方法，学生不再被动地跟进学习，而是像教师一样负责整周的教学。

该活动的一般流程如下：

选定学生助教 → 助教组织学习活动 → 助教总结学习情况

提升技能：这种方法让学生真正参与到一周的学习中来。学生为了扮演好"助教"这一角色，需要精心准备，提前认真学习该单元的内容，主动寻找话题引发讨论，广泛阅读相关资料并进行提炼总结以引导讨论深入持续的开展。

学习成果：学生协助教师完成单元教学。

学习工具：在线课程平台、课程群。

评价方式：教师及其他同学对助教学生的表现进行综合评价。

持续时间：1周内。

活动案例

● 活动名称："轮班助理"——教学媒体的理论与实践课程单元助教

● 组织形式：学生独立完成

● 难易程度：★★★★★

活动描述：在教学媒体的理论与实践课程中，学生担任单元七的助教，利用中国大学MOOC平台发布单元七的学习资源和学习任务，在课程QQ群通知学生参与学习并完成相关任务。该活动组织流程如图3-15所示。

图3-15 活动组织流程

担任单元助教的学生的主要工作有在中国大学MOOC平台发布单元学习资源（包括学习视频、文档和案例等）和学习任务，如图3-16所示，然后在课程的QQ群督促学生完成在线学习任务。

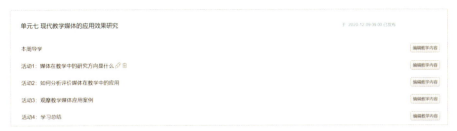

图 3-16　助教发布单元七的在线学习内容

　　所有学生在在线学习平台观看教学视频，并按照要求在规定时间内完成本单元作业以及讨论活动。最后单元助教需要对本单元的学习情况做总结。学生完成学习活动情况和单元助教总结如图 3-17 所示。

图 3-17　学生提交作业以及助教总结

　　提升技能：担任单元助教可以锻炼学生的活动组织能力、应变能力和沟通能力，同时通过自己全程参与单元教学，对知识点的理解更加透彻；以学生引导学生学习，有利于树立班级同学之间互帮互助的团结精神。

　　学习成果：学生协助教师完成单元七的教学。

　　学习工具：中国大学 MOOC 平台、课程 QQ 群。

　　评价方式：教师根据班内学生学习任务完成情况对助教的表现进行评价。

　　持续时间：1 周内。

活动设计

- **活动名称：** 思维蓝图
- **组织形式：** 学生独立完成
- **难易程度：** ★★★☆☆

活动描述： 学习小结或阶段性总结时，学生可用绘制概念图的方式梳理知识点及相互关系。学生绘制概念图时需要对知识点进行梳理，罗列出知识点及相互关系，用各种连接线表示知识点间的关系。活动前，教师会告诉学生概念图的主题、核心概念或中心知识点，提出绘制要求以及提交方式。活动中，学生先要围绕概念主题或核心知识点整理所学知识，然后选择适当的软件绘制概念图。概念图绘制工具很多，常用功能大多相似且操作简单。学生用台式电脑、手提电脑或平板电脑等绘制概念图操作较灵活，用智能手机则操控不太方便，因此中小学生可先在纸上手绘概念图，再拍照上传。学生将概念图作品上传之后，同学之间可以就概念图的内容是否完整、节点间关系是否正确、表达方式是否清楚等进行讨论交流。

该活动的一般流程为：

教师确定主题 → 学生选定工具绘图 → 学生提交概念图

提升技能：绘制概念图过程中，学生梳理出知识点及其相互关系，对知识点的理解和相互关联认识更加深入。该活动可以拓展学生信息加工的深度，也能提升学生利用可视化工具表达信息的能力。

学习成果：学生绘制的概念图。

学习工具：概念图绘制软件、在线学习平台。

评价方式：教师对概念图的科学性、完整性、美观度进行评价或学生互评。

持续时间：1周。

活动案例

● **活动名称：**"思维蓝图"——"有理数的分类"概念图绘制

● **组织形式：**学生独立完成

● **难易程度：**★ ★ ★ ★ ★

活动描述：在人教版数学七年级上册第一章"有理数的分类"单元在线教学中，教师将学习资源上传至钉钉群，要求学生利用学习资源自主预习，将有理数的分类绘制成概念图并上传至家校本。学生上传概念图后，教师查看作品，并根据作品反馈的学习情况调整教学方案。该活动组织流程如图3-18所示。

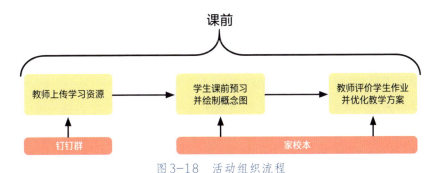

图3-18　活动组织流程

教学中，教师为学生提供的课前自主学习微课来源于国家中小学课程资源网（国家中小学网络云平台）。微课中教师系统地讲解了有理数的分类。

学生观看微课后，借助"百度脑图""XMind"等概念图绘制软件或纸笔，对"有理数的分类"的内容进行梳理，绘制概念图。部分学生作品如图3-19所示。

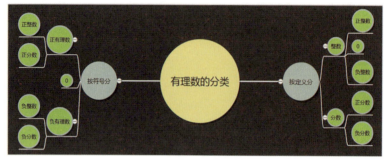

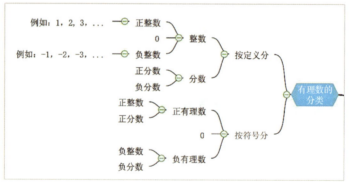

图3-19　学生概念图作品展示

提升技能：学生对自主预习的知识内容进行整理，有利于将新的概念纳入原有认知结构，促进知识结构的发展，也增强了学生归纳总结的能力。同时，学生掌握了概念图的绘制软件和绘制方法，提升了信息可视化表达的能力。

学习成果：学生绘制的"有理数的分类"概念图。

学习工具：钉钉、思维导图软件。

评价方式：教师对学生所绘制概念图的科学性、完整性、美观度以及学生的预习情况进行评价。

持续时间：1周内。

第四章
联系策略

问题不在于使学校成为工商业的附属机关，而在于利用工业的各种因素使学校生活更有生气，更富于现实意义，与校外经验有更密切的联系。

——杜威

第一节
联系策略的原理

1. 联系策略

当学习内容和已有的生活经验相联系时，深度学习更可能被引发，在线学习更容易取得成功。人学习新知识时，并非对所要学习的知识一无所知，相反，或多或少会有一定基础或者相关经验。教师需要根据学生的学习经验和生活经历设计教学，了解学生已有的知识技能，将新的学习内容与学生已有知识储备合理对接，这样才能激发学生的学习兴趣，引发内在学习动机。例如，当在生物学教学中讲到内环境稳态失调的原理时，教师可以请学生对夏天人们使用空调容易出现"空调病"的情况，使用稳态失调原理进行分析并提出预防建议。学生通过内环境稳态分析空调的影响，今后也能应用相关理论分析中暑等其他生理现象中的内环境稳态失调，从而让相关知识在现实应用中鲜活起来，在应用中得到加固，学习任务的完成不再是生硬和机械的。

在线学习中，学生与教师和同学在时空上分离，各自有着鲜活的学习经验和生活经历，与他们的学习经验和生活经历相关的学习最能促进深入思考和投入。因此，在线教学中，联系学生的生活经验、提出与现实世界相关的真实任务是激发和保持他们学习内在动机的有效方法。认知过程中，当新知识与旧知识形成联结，且又涵盖旧知识时，学生最感兴趣、求知欲也较强。在线教学中，教师引导和组织学生联系自己的生活经历和学习经验，引入真实世界的场景、日常生活中的现象或者学生熟悉的事件等，让学生围绕这些真实生活中的情况进行新知识学习，新旧知识间才能自然地产生联系。

联系策略的应用并不难，教师只要注意观察、了解学生的生活和经验，引导他们将所学内容与真实事件、自然现象和学习经验等联系起来，学生通过讨论影响因素、建立解决方案等开展学习。深度学习要求学生进行知识的迁移运用，而不是停留在对知识的浅层认识和识记上。联系现实情况和真实生活，知识的应用和迁移才更为自然。深度学习过程中投入时间和精力后产生的学习成果更容易被学生认同。此外，在现实的在线教学中，教师提供的真实生活事件或场景不可能是每个学生都有经历过或知道的。因此，教师需尽可能地提供相关资料或网络资源给学生，帮助他们形成与所学知识相关的真实背景。

2. 体现联系策略的6种在线学习活动

结合联系策略的特点，本书梳理了6种能够体现该策略的在线学习活动。

"**技术达人**"活动中，学生展示和分享自己用过的、与当下学习相关的软件工具或移动应用APP，让这些工具继续应用于新知识的学习中。

"**新闻时评**"活动中，学生搜索与学习内容相关的新闻或热点事件，并应用所学知识对其进行解读和分析，建立所学知识与真实事件的联系。

"**我的故事**"活动中，学生以数字故事的形式分享自己遇到的、与学习内容相关的具体案例，并阐述该案例和所学内容的关系。

"**原因所在**"活动中，学生结合给出的真实生活情境或问题，利用所学内容分析其产生的原因，给出相应的建议或方法。

"**他山之石**"活动中，教师提供身边熟悉的案例给学生，让他们利用所学知识对案例进行分析。

"在线探究" 活动中，教师鼓励学习小组或个人选定真实世界中的选题，综合利用所学知识、网络资源和网络应用工具等进行探究，最后形成报告。

3. 6种在线学习活动的逻辑关系

联系策略意在帮助学生联系已有经验和真实世界，让学习有意义。在线学生大多具有一定的生活经验和学习经历，结合自身情况，实现新旧知识整合，既能解决实际问题，也能在应用中让所学知识得到深层次加工，相得益彰。联系策略应用中的在线学习活动，有助于迁移运用能力、问题解决能力和信息整合能力的培养。

根据联系真实生活方式的不同，体现联系策略的6种在线学习活动可分为两类："技术达人""我的故事"和"在线探究"活动是学生联系生活实际输出自己的故事、案例和资源；"新闻时评""原因所在"和"他山之石"活动由教师提供真实生活中的事件、新闻、现象等，学生根据教师的要求利用所学知识进行分析研究，并形成分析报告或观点评述。联系策略下6种在线学习活动的逻辑关系如图4-1所示。

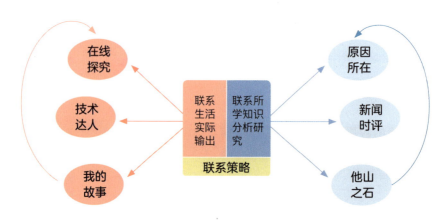

图4-1   联系策略下6种在线学习活动的逻辑关系

活动设计

● 活动名称：技术达人

● 组织形式：学生独立完成

● 难易程度：★★☆☆☆

活动描述： 在教学过程中，教师请学生跟随教学进度，持续推荐自己在学习中使用的应用软件、学习工具或数字图书资源网站等。学生在某一具体章节学习时，对推荐的应用工具或应用APP的学习体验和效果进行描述。每个同学至少推荐一个应用工具、学习游戏或数字资源工具。活动中，教师需预先审核学生推荐的应用工具、游戏等，并考查学生对应用的介绍是否恰当，然后再决定是否推荐给全体同学。对值得让全班同学使用的学习工具或应用APP，教师可让推荐者制作短视频进行介绍和操作演示。

在线学生在选取与学习内容有关的应用软件或APP时，既可以介绍一些通用工具，如英语学习中常用的有道词典、数学学习中的图形计算器GeoGebra或化学学习中的物质结构三维工具等，也可以针对具体学习内容介绍软件工具或APP，如小学数学计算练习游戏、语文成语接龙游戏等。在推荐这些工具时，学生需要说明它们与所学知识内容之间的关系，以及如何用以开展有效学习。这一过程将学习与生活中的应用工具联系起来，对于身为"数字原住民"的学生而言更易接受。

该活动的一般流程为:

教师提出活动要求 ➡ 学生推荐应用软件 ➡ 教师审核 ➡ 全体学生共享

提升技能: 可提升学生的实践操作、观点表达、反思和总结学习经验的能力。

学习成果: 介绍的实用工具或应用APP。

学习工具: 可使用在线直播平台进行演示,也可在学习平台讨论区交流。

评价方式: 从应用工具的实用性和与所学知识内容的联系程度进行教师评价或学生互评。

持续时间: 1周内。

活动案例

● 活动名称:"技术达人"——视频编录软件介绍

● 组织形式:学生独立完成

● 难易程度:★ ★ ★ ☆ ☆

活动描述: 在线教学中,教师为了能了解学生做练习或思考问题的过程,会请学生将解题过程或观点、想法用视频记录下来,并发送给教师。为此,学生需要学会如何使用技术工具记录学习过程并发送给教师。这个学习活动中,教师请学生介绍他们使用过的学习过程记录工具,并简单说明如何使用这个工具。教师通过在线学习平台发布活动要求,对视频编录软件进行简单说明后,请学生介绍他们认为方便、常用的软件,并说明其常用功能。例如,某个学生介绍了录屏软件喀秋莎(Camtasia)的录制功能,并将其使用过程录制成视频提交给教师,教师审核后把该学生的作业成果发布到平台上，分享给大家。该活动组织流程如图4-2所示。

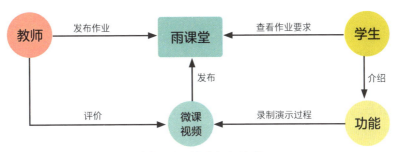

图4-2 活动组织流程

　　教师在平台发布了如图4-3所示的课后学习任务，要求学生通过其他渠道学习喀秋莎视频剪辑软件的常用功能，并将使用说明录制成微课视频提交至平台。

图4-3 教师发布视频录制软件推荐活动要求

　　某学生常使用录屏软件喀秋莎，他选了最常用的应用功能并录制成视频发送给教师，教师审核后将其共享给所有同学。学生推荐应用工具的视频作品如图4-4所示。

图4-4 学生制作的推荐视频

提升技能：该活动培养了学生根据学习要求和需要，应用软件工具开展数字化学习的能力。这一过程也促进了学生对自己学习方法的反思和整理，用输出者的角色将自己的学习心得和方法表达出来，提升他们的反思能力。

学习成果：推荐的实用性软件及其具体功能介绍的微视频。

学习工具：雨课堂学习平台、微信、QQ、喀秋莎软件。

评价方式：从学生介绍的软件工具与学习的关联紧密性、功能实用性以及介绍说明的条理性进行教师评价或学生互评。

持续时间：1周。

活动设计

- 活动名称：新闻时评
- 组织形式：学生独立完成
- 难易程度：★★★★★

活动描述：将课程内容和生活中的新闻、热门事件相联系，引导学生利用所学知识对其进行解析、评述，可促进知识的有意义迁移。该活动要求学生在学完某一内容后查找相关新闻事件，并对找到的新闻事件进行分析和评述。活动发起前，教师首先要明确在什么主题、单元或知识点教学上发起该活动，因为并非所有的学习内容都适用这种方式。活动发起后，学生自行上网查找相关新闻并进行分析，教师利用QQ、微信群等跟进学生活动动态，及时了解进展情况。本活动的目的不是单纯地让学生查找相关新闻，而是引导学生结合所学知识分析热点新闻、剖析热门事件，形成自己的观点，从而实现知识内容的迁移和整合应用。

该活动的一般流程为：

教师发布相关主题 → 学生查找热门新闻 → 学生分析评述并分享

提升技能：学生对不同新闻进行筛选及分析，提升信息搜索及分析能力；通过利用所学知识对新闻事件进行分析评述，发展批判性思维。

学习成果：学生查找到至少一条相关新闻。

学习工具：网络资源、在线学习平台的讨论区、在线协作文档等。

评价方式：从新闻和知识点的契合度与关联度进行教师评价和学生互评。

持续时间：直播课中5~10分钟左右，非直播课中1~2天。

活动案例

● 活动名称："新闻时评"——生物课"克隆的最新进展"相关新闻推荐

● 组织形式：学生独立完成

● 难易程度：★★★★★

活动描述：教师在腾讯会议平台开展浙教版高中生物选修3"什么是克隆"一课的教学。直播课上，教师重点讲解了克隆的含义及发展历程。为帮助学生深入了解克隆技术及其最新进展，教师请学生在课后自行上网查找有关克隆技术及其最新进展的新闻，联系直播教学中所学的知识对新闻内容进行分析，并发布到UMU在线教学平台讨论区中。该活动组织流程如图4-5所示。

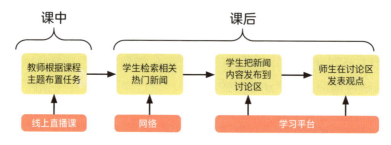

图4-5 活动组织流程

　　教师发布了如图4-6所示的在线学习活动，要求学生在网络上检索与克隆技术有关的最新新闻，并利用已学知识分析新闻报道体现了克隆技术哪一方面的发展，取得了什么进展，达到了怎样的水平。

图4-6　教师基于UMU平台发布讨论任务

　　学生查找到克隆猫的新闻（如图4-7所示），然后教师及学生利用相关知识对这一新闻进行分析，从而将知识应用到了真实事件的分析中。

图4-7　师生的评论内容

　　提升技能：促进学生对所学知识的深入理解，提高学生信息检索、筛选和梳理的能力；学生将课堂中学习的知识和新闻资讯相联系，进行分析和讨论，有助于提升分析能力和知识迁移应用能力。

　　学习成果：学生查找到的新闻及对新闻内容的评析。

　　学习工具：网络搜索工具、官方新闻网站、公众号、UMU在线教学平台讨论区。

　　评价方式：对从学生查找的新闻案例的准确性进行教师评价或学生互评，对学生评论的深入程度进行教师评价。

　　持续时间：5~10分钟。

活动设计

- 活动名称：我的故事
- 组织形式：学生独立完成
- 难易程度：★ ★ ★ ☆ ☆

活动描述： 学生都有自己的生活经历和实践经验，让他们将这些经历、经验和其中的真实情景、案例与学习联系起来，可以让学习内容变得生动、鲜活，学习效果也能得到提升。在常规教学中，案例通常由教师提供，更多体现的是教师的经验和经历。这个活动刚好相反，学生根据所学的知识内容，提供自己的生活经历和实践经验，通过与直接经验的联结促进知识的应用。例如，学习了杠杆原理，教师可以让学生讲讲自己生活中应用杠杆的故事，包括具体用到的物品或工具，用来做什么，使用的时候有什么感受，杠杆的支点、力臂及其变化如何影响应用等。实实在在发生在学生身边的案例，更能引起学生共鸣，让学生主动讲出自己的分析可使他们对知识内容的理解更加具体和深入，学会使用原理和方法解析生活中的现象。

教师发起活动时，需要说明案例讲述的要求，例如讲述内容、形式、使用的媒体（如文字、图片、音频或是配上图片说明的文字）等。学生联系自己的生活经历整理案例，用适当的媒体形式进行表述并发布。

该活动的一般流程为：

教师发布要求 → 学生联系经历组织案例 → 案例分享

提升技能： 学生联系真实生活经历，利用所学知识描述自己的体验和应用过程等，实现知识的关联和解析应用，提升对概念和术语的理解及其在现实生活场景中的应用能力。活动过程中，学生通过对实践应用进行剖析，深入理解相关原理，提升对大量零散事实进行筛选和提炼的能力。

学习成果： 学生分享完整的案例。

学习工具： 在线学习平台作业区或在线学习平台讨论区。

评价方式： 对学生分享案例的真实性、利用所学知识进行剖析的合理性进行教师评价或学生互评。

持续时间： 1~2 天。

活动案例

● 活动名称："我的故事"——论神奇的摩擦力

● 组织形式：学生独立完成

● 难易程度：★ ★ ☆ ☆ ☆

活动描述： 中学物理教学注重理论联系实际，让学生学会运用物理知识解释自然现象或解决生活中的实际问题，帮助学生学会透过现象看本质，实现感性认识到理性认识的飞跃。本案例选自人教版物理八年级下册"摩擦力"教学。学生学习了摩擦力的概念、产生条件和影响因素等理论知识后，教师发布了"论神奇的摩擦力"在线活动，要求学生发现并列举生活中有益摩擦力或有害摩擦力的例子，并解释摩擦力组成情况和作用，该活动组织流程如图4-8所示。

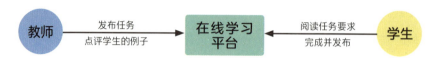

图 4-8　活动组织流程

　　教师发布如图 4-9 所示的在线学习任务，要求学生联系实际列举生活中的有益摩擦力和有害摩擦力实例，并利用所学知识对一个实例进行分析，阐述其背后隐藏的摩擦力知识。

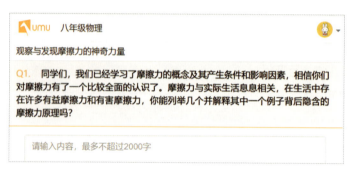

图 4-9　教师在 UMU 平台发布任务

　　学生回想生活中存在的摩擦力现象，或利用网络搜索摩擦力在生活中的应用实例，结合摩擦力知识进行分析和整理，发表了如图 4-10 所示的帖子。该活动帮助学生将理论与实践相结合，把抽象知识具体化，用所学知识解释生活现象，促进了学生对摩擦力知识的理解与内化。

图 4-10　学生发表的关于摩擦力例子的帖子

提升技能： 将物理问题生活化，有利于激发学生求知的主动性，提升他们主动学习的积极性。让学生从生活角度出发应用物理知识，可以锻炼学生的观察能力，也可以促进知识与实际生活的联结。

学习成果： 学生发布的有益摩擦力和有害摩擦力实例及解析。

学习工具： UMU 互动在线学习平台、网络搜索工具。

评价方式： 对学生找到的摩擦力应用案例数量，案例与摩擦力的关联性和案例解析的合理性进行教师评价或学生互评。

持续时间： 在直播课后的1~2天内完成。

第五节
"原因所在"活动

活动设计

- 活动名称：原因所在
- 组织形式：学生独立完成或小组合作
- 难易程度：★ ★ ★ ★ ★

活动描述：学生利用所学知识对自然现象、生活事件和社会问题发生的原因进行深入分析与讨论时，他们对知识或方法的学习就不再停留于感受和认识的低阶水平上。利用所学知识分析原因，明确现象、事件背后的学理，是知识的精加工过程，可帮助学生围绕关键概念深入思考。学生学习用专业视角看待自己的生活和实践，能提升实践能力，也能更好地激励他们投入学习中。

活动进行中，教师可以根据教学内容提供事件、现象或社会活动等案例给学生，请他们根据所学知识分析这些案例产生的原因。学生以小组形式开展活动，对案例分析后形成报告，教师对学生报告提出针对性的反馈，以便学生根据意见进行改进。

该活动的一般流程为：

教师提供案例 → 学生分析原因 → 学生提交报告 → 教师反馈

提升技能： 这种方法要求学生对真实事件或情境进行了解、分析、思考，有助于提升学生的分析、辨析能力。

学习成果： 学生提交的原因分析报告。

学习工具： 在线学习平台、在线协作文档等。

评价方式： 教师预先制订评价标准，然后根据该标准对分析报告进行评价以及让学生参与互评。

持续时间： 1~2 周。

活动案例

- **活动名称：** "原因所在" ——分析教学目标撰写存在的问题
- **组织形式：** 小组合作
- **难易程度：** ★ ★ ★ ★ ★

活动描述： 师范生在教学法课程学习中，要学习准确地表述教学目标。虽然教学目标撰写有相应的原则，但实际教学中很多教师并未能规范应用，以至于教学目标与教学评价不对应，教学目标是否达成及达成度不可测量，教学目标也就形同虚设了。针对教学实践中的这一现象，教师利用直播工具讲解教学目标描述的ABCD原则后，以某教师为Photoshop图像处理教学拟定的教学目标及教学过程视频为例，请学生分析教学目标描述存在什么问题，产生问题的原因何在，教学目标与实际教学是否吻合，如何改进教学目标的描述等。学生以小组形式开展活动，组长在讨论区创建讨论后，由每个组员运用ABCD原则分析教学目标的撰写情况、存在问题和修改方法，完成修改后的教学目标通过回帖形式提交全班同学交流。该活动组织流程如图4-11所示。

图4-11 活动组织流程

教师发布了如图4-12所示的在线学习活动，学生小组根据所给教学目标及教学过程，分析教学目标撰写存在的问题，产生问题的原因，并对存在问题的教学目标表述进行修改或重新撰写。

Unit 3-课堂活动3: 假设你就是教Photoshop的老师，如何用ABCD原则来陈述你的教学目标?

·假设你就是教Photoshop的老师，如何用ABCD原则来陈述你的教学目标?

【添加一个新议题】

话题	发起人	最新帖子	回帖	订阅
☆ 第一小组	20172821019 15 10月 2018	20172821024 15 10月 2018	3	
☆ 第二小组	20172831019 15 10月 2018	20172821059 30 10月 2018	5	
☆ 第三小组	20172821025 15 10月 2018	20170734060 22 10月 2018	4	
☆ 第四小组	20172821049 15 10月 2018	20172821044 15 10月 2018	3	
☆ 第五小组	20172821032 15 10月 2018	20172821009 15 10月 2018	1	
☆ 第六小组	20172821007 15 10月 2018	20172821005 16 12月 2018	5	

图4-12 组长根据教师发布的活动任务创建话题

针对"认识蒙版"的教学情况，学生运用ABCD原则分析示例中教学目标的表述问题及对教学的影响，修改或重新撰写教学目标。教师在学生回帖下进行点评回复，如图4-13所示。

本节课的内容是: 了解和认识蒙版, 并学会使用蒙版抠图。给出两幅图片, 一幅比较简单, 另一幅比较复杂。先练习学会抠简单的图片, 后进行复杂的图片抠图。让学生达到对一幅图能快速清晰地分析图片要素, 找出要抠的部分, 并进行熟练操作的程度。

永久链接　显示父帖　编辑　分割　删除　回复

回复: 第一小组
20172831001　·2018年10月15日 星期一 15:43

1. 通过介绍Photoshop中的工具栏以及菜单栏上的各项功能, 操作方法以及应用, 让学习者初步了解Photoshop的基本功能。

2. 通过教学几个Photoshop应用的典型案例让学习者深刻认识到可以利用Photoshop做什么。

3. 通过布置一个作业主题, 让学生利用Photoshop画出来, 从而达到让学生熟练掌握利用Photoshop自主设计图像的能力。

永久链接　显示父帖　编辑　分割　删除　回复

回复: 第一小组
20172831019　·2018年10月15日 星期一 15:48

a: 教学对象: Photoshop软件

b&d: 完成教学后, 学生可以熟练地应用Photoshop软件进行图片的处理, 例如去除水印、调整图片的亮度、给人物换皮、合成图片、制作海报等。会使用各种快捷键, 例如放大缩小图片、复制图层、调用蒙版功能。

c: 学生应在课上认真听讲, 多次细致练习教师所布置的任务, 课后自行进行复习, 并用身边的素材去练习, 以达到学以致用的效果。

永久链接　显示父帖　编辑　分割　删除　回复

回复: 第一小组
20172821056　·2018年10月18日 星期四 16:51

1. 首先让学生们了解Photoshop, 并了解其基本操作。

2. 向学生阐述今天学习的内容, 如抠图等。

3. 设定某个情境, 让学生以任务的形式解决问题, 在做中学。

4. 检查学生完成任务的成果 (作品), 以清楚他们掌握知识点的程度。

永久链接　显示父帖　编辑　分割　删除　回复

回复: 20178221056
杨老师　·2018年10月18日 星期四 20:21

已经基本掌握了ABCD原则的教学目标撰写方法, 但是语言还需继续提炼优化。

永久链接　显示父帖　编辑　分割　删除　回复

图4-13　学生撰写的教学目标及教师的评论

提升技能: 该活动通过运用所学知识分析真实情况产生的原因, 提升了学生基于理论和原理, 透过现象辨析本质的能力。在针对现实情况进行原因分析的过程中, 学生将所学知识直接运用于指导学习和生活, 提升了知识应用的灵活性。

学习成果: 学生提交分析原因及修改后的教学目标。

学习工具: 砺儒云课堂讨论区、腾讯文档等。

评价方式: 从学生应用ABCD原则分析教学目标撰写问题产生原因的条理性以及修改目标的规范性进行教师评价或学生互评。

持续时间: 1天内。

活动设计

- 活动名称：他山之石
- 组织形式：学生独立完成
- 难易程度：★ ★ ★ ★ ★

　　活动描述：在线学习中，为学生提供示例必不可少，例如为学生提供笔记、作业和作品作为样例，让学生从观摩他人的学习成果中得到启发，为形成自己更高质量的学习成果提供借鉴。"他山之石"活动要求学生能够对同学的示范案例进行分析。通常教师可选用往届学生的作业、作品等给学生，让学生在分析他人作业、作品的过程中学习。在分析中，学生可以从不同视野或角度出发，了解同一知识的不同应用方法或方式，丰富他们对所学知识应用场景的认识，也能帮助他们建立学习自信。通过该活动，教师汇聚每一个课程班级学生的作业及分析内容形成课程资源案例库，通过课程微信公众号定期推送给学生，学生可以在进行深入理解、变式训练和多场景应用练习中使用这些学习资源。

　　该活动实施过程中，首先由教师提出活动要求，并提供其他同学的作业、作品和分析模板。学生观摩示范案例，联系所学内容分析这些案例的优点。这些身边同学的作品让学生感到更熟悉或亲近，对案例的分析也更有兴趣。

该活动的一般流程为：

教师提供示范案例 → 学生观摩示范案例 → 学生梳理想法

提升技能： 通过观摩身边同学的优秀作品并结合所学知识进行深入剖析，有助于提高学生的鉴别能力和总结能力。

学习成果： 学生分析他人作品优点的内容。

学习工具： 在线学习平台讨论区、在线协作文档。

评价方式： 从学生利用知识分析案例的准确性，对观摩案例优点提取的客观性以及表述的条理性进行教师评价或学生互评。

持续时间： 1周。

活动案例

● **活动名称：** "他山之石" ——示范案例评价

● **组织形式：** 学生独立完成

● **难易程度：** ★ ★ ★ ★ ★

活动描述： 在教学媒体的理论与实践课程教学中，学生要完成项目式学习，通过提交项目式学习成果获取课程40%的成绩。为此教师选取往届学生的项目式学习报告、作品或方案作为示范案例给学生观摩学习，要求学生从选题视角、实施方法、结论以及优缺点等方面进行分析。学生观摩、分析案例后，需撰写分析结果并发表在评论区。

该活动组织流程如图4-14所示。

图4-14 活动组织流程

　　活动开启时，教师于在线学习平台发布了示范案例及评析要求，如图4-15所示为示范案例。

基于项目的学习	
案例	项目名称（点击查看）
案例一	关于微信教育类公众号应用现状的调研报告
案例二	移动学习环境下微信公众号对教学影响的研究
案例三	VR在教育领域面临的挑战及构想
案例四	基于项目式学习的小学Scratch程序设计教学的研究
案例五	实物投影仪在中学中的使用现状及其发展趋势
案例六	大学生英语口语APP的研究与设计
案例七	广州地铁公益广告教育影响力的现状研究
案例八	基于中国大学MOOC平台的用户体验改进策略研究
案例九	增强现实技术辅助初高中生物教学的可行性研究
案例十	微弹幕引入大学多媒体课堂的互动效果探究及应用初探

图4-15 往届学生项目式学习作品案例

　　学生观摩学习教师所提供的项目案例后，联系已学知识和项目式学习经验对案例进行评析，发表了如图4-16所示的观点，并与其他同学进行观点交流。

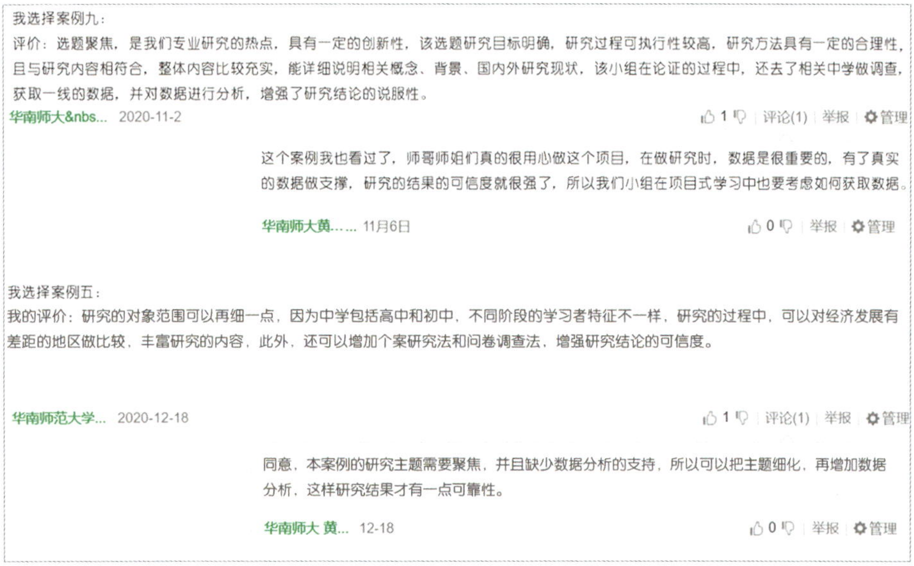

我选择案例九：
评价：选题聚焦，是我们专业研究的热点，具有一定的创新性，该选题研究目标明确，研究过程可执行性较高，研究方法具有一定的合理性，且与研究内容相符合，整体内容比较充实，能详细说明相关概念、背景、国内外研究现状，该小组在论证的过程中，还去了相关中学做调查，获取一线的数据，并对数据进行分析，增强了研究结论的说服性。

华南师大&nbs... 2020-11-2　　1 | 评论(1) | 举报 | 管理

这个案例我也看过了，师哥师姐们真的很用心做这个项目，在做研究时，数据是很重要的，有了真实的数据做支撑，研究的结果的可信度就很强了，所以我们小组在项目式学习中也要考虑如何获取数据。

华南师大黄…… 11月6日　　0 | 举报 | 管理

我选择案例五：
我的评价：研究的对象范围可以再细一点，因为中学包括高中和初中，不同阶段的学习者特征不一样，研究的过程中，可以对经济发展有差距的地区做比较，丰富研究的内容，此外，还可以增加个案研究法和问卷调查法，增强研究结论的可信度。

华南师范大学... 2020-12-18　　1 | 评论(1) | 举报 | 管理

同意，本案例的研究主题需要聚焦，并且缺少数据分析的支持，所以可以把主题细化，再增加数据分析，这样研究结果才有一点可靠性。

华南师大 黄... 12-18　　0 | 举报 | 管理

图4-16　学生发表对案例的评析

提升技能：通过观摩他人的作业、作品，从选题角度、研究方法和研究结论等方面进行评价，可以提升学生的鉴赏能力；通过总结案例的优点，可以提高学生的概括总结能力。

学习成果：学生对案例的评析。

学习工具：在线学习平台讨论区。

评价方式：从学生评析案例的质量以及总结案例优点的客观性进行教师评价或学生互评。

持续时间：1~5天。

活动设计

- 活动名称：在线探究
- 组织形式：小组合作
- 难易程度：★ ★ ★ ★ ★

活动描述：探究性学习是指学生在学科领域内或现实生活情境中选取某个问题作为突破点，质疑、发现问题，通过调查研究、分析研讨等，解决问题。学生通过探究性学习活动，建构知识，掌握方法。在线学生可通过以探究为基础的体验学习，探索现实问题的更多分析思路和解决方法。在线教师在设定探究主题时要注意让学生能够将学习内容和生活实际相联系。基于"互联网+"思维的在线探究性活动，可以让学生充分利用现有的在线开放课程和视频学习资源，如TED、Course、学堂在线、中国大学慕课等，围绕给出的主题进行探究性学习。学习中，学生可使用自己的移动设备收集、记录数据。通常小组需围绕探究性主题进行分工，协作完成该活动。

该活动的一般流程如下：

教师确定探究主题 → 小组做准备工作 → 小组进行在线探究 ↓ 小组总结探究结果

提升技能：提升学生应用在线开放课程和资源进行学习的能力，培养其终身学习能力。

学习成果：探究性学习报告。

学习工具：在线学习平台、开放学习资源（如TED）、网络资源搜索平台、在线协作文档等。

评价方式：对小组探究性学习所用资源与主题的关联度以及学习报告进行教师评价或小组互评。

持续时间：1~2周。

活动案例

活动描述：在线教学中，探究性学习活动可以结合网络调查和线下调研进行。在教学媒体的理论与实践课程的第三次探究实践活动中，教师要求学生以小组为单位查看教育技术装备展的相关信息，了解教学媒体/技术的新发展、新产品和新应用，并撰写关于教学媒体新发展和新应用的报告。该活动组织流程如图4-17所示。

图4-17 活动组织流程

教师在平台发布了如图4-18所示的实践探究活动任务，要求学生以小组为单位了解、探究教学媒体的新发展和新应用。

图4-18　教师发布实践探究活动任务

学生通过网络参加线上装备展，了解参展的各种教学媒体的特点和新功能，结合教学媒体应用的相关知识撰写报告，如图4-19所示。

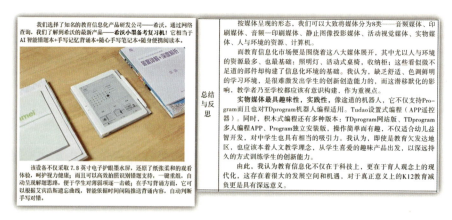

图4-19　学生提交的探究性学习报告

提升技能：探究是一个发现的过程，增强了学生对教学媒体实际应用的了解，提升了学生自主探究、独立思考和批判分析的能力。

学习成果：新教学媒体分析报告。

学习工具：在线学习平台、展会网站和在线协作文档。

评价方式：教师从报告对教学媒体分析的合理性、佐证材料的充足程度和可信度上进行评价。

持续时间：1~2周。

第五章
问题策略

提出正确的问题，往往等于解决了问题的大半。

——海森堡

第一节
问题策略的原理

1. 问题策略

问题策略源于基于问题的学习。诺尔斯认为学生的学习应该是以问题解决为中心，学习的主要目的是应对学习与生活中的挑战。基于问题的学习让学生通过不一定有正确答案或唯一答案的真实性问题解决过程获取知识、形成技能和发展能力，是由理解、分析和寻找解决方法或方案的活动构成的一种学习方式。基于问题的学习最早于20世纪50年代出现于医学教学中，并很快在医科学校中推广和修正。基于问题的学习如今在越来越多领域的教学实践中应用，一再证实相对于传统教学更加有效。基于问题的学习解决了传统教学中知识过于碎片化的问题，促进了学生自我导向学习技能的培养，改变了学生先学习知识，再用脱离背景的问题进行练习以图达到知识应用的状况。

作为一种问题取向的教学，基于问题的学习强调以问题解决为中心，多种学习途径相整合，强调通过学生的交流合作，在外部支持与引导下探索问题解决的方法。这种学习的典型过程是学生以小组为单位开始解决一个实际问题。由于实际问题通常是劣构问题，没有标准答案或唯一方法，因此为了解决问题，学生往往需要具备一些必要的知识，然后在已有知识指引下分头查找资料和分析信息，相互交流所获得的信息和知识，并讨论如何用所获得的知识来解决问题。在讨论中，如果学习小组发现还需要用到另外一些知识，学生就需要再学习相关的知识、分头查找资料、小组交流并讨论问题解决方案，直到问题得到解决。提出完整的问题解决方案后，学生还需要对问题解决过程和方案进行自我反思与评价，并进一步确认其可行性和合理性。这种学习方式有助于促进学生在打下坚实灵活知识基础的同时，发展批判性思维和创造性思维，发展合作解决问题能力与自主学习能力。整个过程完整体现了深度学习的特点，也是深度学习开展的一种方式。

问题策略正是基于问题学习的原理提出的，即采用问题解决学习组织、指导的有效方法，组织在线学生开展问题解决式学习。问题策略具体如下：将学习整合到真实世界问题的解决中，使学生投入问题解决过程中自主学习；引导学生学习必备知识和查找资料信息，以此为基础探索问题解决的核心原因和条件等，并逐渐梳理出问题解决的方向、思路和方法；激发和支持学生的高水平思维，鼓励争论，鼓励对学习内容和过程的反思等。该策略旨在使学生建构起宽厚而灵活的知识基础；发展有效的问题解决技能；发展自主学习和终身学习的技能；促进在线学习中认知活动深入而持续地开展，促使认知加工过程顺利进行。

提出一个问题往往比解决问题更有创造性。问题作为学习的起点，必须能够引出与所学领域相关的概念原理，以确保通过问题解决可以达到学习目的，又能在学生的经验世界中产生共鸣，激发学习兴趣。问题通常是开放的、劣构的、真实的和复杂的，问题解决通常是围绕现实生活中的一些劣构问题，寻求可能或可行的解决方法。设计问题、组织在线学习活动，可以培养学生形成问题意识。

2. 体现问题策略的6种在线学习活动

结合问题策略的特点，本书梳理了6种可以促进深度学习的在线学习活动。

"**提出问题**"活动用于培养学生的问题意识，鼓励学生提出想解决的真实问题。活动通常让学生先提出想解决的问题，然后由教师进行总结和建议。

"**分析问题**"活动会结合学生的实际情况给出真实的问题情境，要求学生对问题进行深入分析，并形成分析报告。

"**寻找解法**"活动给学生某一问题的不同解决方法和思路，要求学生选择其一并陈述理由。

"**确定方案**"活动强调学生独自或者协作制定出问题解决的方法或方案，当然问题是提前预设的。

"**反思过程**"活动要求学生对问题解决的整个过程进行反思，查找问题解决过程中存在的问题。

"**问题解决**"活动是完整的问题式学习活动，要求学生完整经历分析真实世界的问题，查找和学习相关在线课程尝试提出解决方案。

以上这些学习活动都侧重于培养学生的问题解决意识和围绕问题解决开展学习的能力，目的在于让学生在解决问题的过程中进行深度学习。

3.6种在线学习活动的逻辑关系

根据布鲁姆教学目标分类中的认知目标分类，问题解决指向高水平学习目标的达成。问题策略下的6种在线学习活动以问题式学习过程为主线，从分到总相互关联。对应于问题式学习的主要环节，"提出问题"活动培养学生的问题意识，鼓励学生根据所学知识提出问题。确定问题之后，进行"分析问题"活动，让学生学习和整合知识，深度剖析问题。"寻找解法"活动旨在培养和激发学生的探究意识，思考和分析不同的问题解决方案。"确定方案"活动引导学生分析完问题之后，选择可行的问题解决方案。"反思过程"活动让学生对问题解决过程进行反思，发现其解决过程中存在的问题并改进。"问题解决"活动是完整的问题式学习活动，包含问题解决的各个环节。6种在线学习活动之间的逻辑关系如图5-1所示。

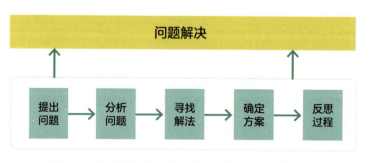

图5-1　问题策略下6种在线学习活动的逻辑关系

活动设计

○ 活动名称：提出问题

○ 组织形式：学生独立完成

○ 难易程度：★ ★ ☆ ☆ ☆

活动描述：爱因斯坦曾说过，提出一个问题往往比解决一个问题更重要。在线学习中可以通过"在线问题箱""我的问题"和"有问必应"方式来收集学生提出的问题，并对提出的问题进行汇总。教师通过这些活动鼓励学生针对学习内容提出真实世界中的问题。活动中，教师要营造提问的宽松氛围，让每个学生都敢于提出自己想到的真实问题，为此，活动可以采用匿名的方式进行。

教师应鼓励学生在"在线问题箱"提出问题，如果学生一时提不出问题，教师可以通过设定情境，让学生结合所学内容联系真实生活提出待解决的问题。教师要及时关注"在线问题箱"等在线提问场所中的问题，及时与学生交流，让学生提出的问题越来越聚焦，表述越来越明确。如果所提问题长时间没有人回复，会消磨学生想要解决问题的积极性。因此，教师除了自己回应问题外，还可以鼓励同学之间相互解答。养成乐于提问的好习惯，可促进学生思维发展并提升思维的深刻性。

该活动的一般流程如下：

设置在线提问场所 ➔ 学生提出问题 ➔ 回应并明确问题

提升技能：培养学生根据学习内容提出问题的能力。

学习成果：学生提出的问题。

学习工具：在线学习平台讨论交流区，社交平台如微信群、支持匿名的QQ群等。

评价方式：教师对学生提出问题的数量和质量进行评价，参与"在线问题箱"中问题回应的同学将获得额外加分。

持续时间：1~2天。

活动案例

- 活动名称："提出问题"——在线问题箱
- 组织形式：学生独立完成
- 难易程度：★★☆☆☆

活动描述：在人教版化学九年级上册"制取氧气"的在线教学中，为帮助学生深入认识氧气的化学性质，教师在UMU互动学习平台中创设了"在线问题箱"。教师请学生根据真实生活中氧气的存在、氧气性质的体现，提出自己感兴趣的问题。学生根据自己的生活经验的信息等提出问题。该活动的具体组织流程如图5-2所示。

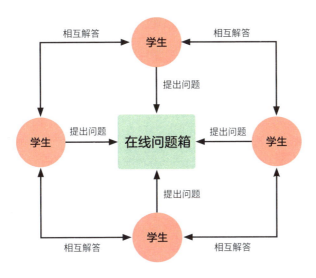

图5-2　活动组织流程

教师发起"在线问题箱——生活中的氧气"活动，明晰学生提出问题的要求，如图5-3所示。

图5-3　教师发起"在线问题箱——生活中的氧气"活动

学生根据自己的体验在"在线问题箱"中说明自己关注到的现象，并提出问题。如有的学生会提出"氧气瓶中的氧气是如何产生的？运输的过程安全吗？""家用吸氧机是怎么产生氧气的？"等问题，学生提出的问题如图5-4所示。

图 5-4　学生提问情况

提升技能：教师鼓励学生根据真实生活提出问题，让学生关注真实世界中的问题，除能巩固所学知识外，还培养了学生提出问题的能力。

学习成果：学生在"在线问题箱"中根据自身经验提出的真实问题。

学习工具：UMU互动学习平台讨论区。

评价方式：教师根据学生提出问题的真实性及与教学内容的相关性进行评价。

持续时间：在正式教学前1~2天内完成。

活动设计

● 活动名称：分析问题

● 组织形式：学生独立完成

● 难易程度：★ ★ ★ ★ ★

　　活动描述：问题式学习中，学生确定问题之后，接下来就是整合应用知识，对问题进行深入分析。在线学习强调以学生为中心，学生自己选择和确定问题后，他们还要选择适当的方式对问题进行细化分析。在这个活动中，教师可结合教学内容设置一系列问题，让学生选择其中一个问题进行分析，学生自主选择自己感兴趣的问题后，自定步调查找相关资源、整合已学知识或未学习过的知识，对问题进行分析，开启问题解决的第一步。活动中，除了由教师为学生提供问题外，还可以要求学生自主查找提出问题，这样学生选择的自主性和范围将会更大。在时间充裕的情况下，教师也可完全让学生自己提出真实世界中的问题然后进行分析。

　　该活动的一般流程如下：

教师设置多个问题 → 学生确定一个问题 → 学生查找相关资料

↓

学生分析问题

提升技能：该活动赋予了学生极大的自主性，重点在于综合利用知识和信息进行问题分析，有助于提升学生围绕目标进行知识整合的能力；学生在把握知识间复杂性、同一知识的意义和用法差异性的同时，提升推导知识和广泛迁移知识的能力。

学习成果：学生对问题分析的内容。

学习工具：在线学习平台。

评价方式：对分析内容的合理性、条理性，对知识应用的灵活性和适当性进行教师评价或学生互评。

持续时间：1~2天。

活动案例

● 活动名称："分析问题"——地貌类型分析

● 组织形式：学生独立完成

● 难易程度：★★★★★

活动描述：人教版高中地理必修1"常见的地貌类型"在线教学，教师利用腾讯课堂和UMU互动学习讲解了地貌的基本类型。为促进学生应用相关知识，教师布置"分析问题"学习活动。学生自行选择一个感兴趣的地貌类型并进行深入分析，将分析结果上传到UMU互动学习平台，供全班同学共同交流学习。教师和学生可以对每个分析文档进行评价。该活动组织流程如图5-5所示。

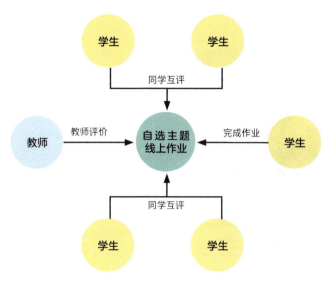

图5-5 活动组织流程

　　教师基于UMU互动学习平台发布如图5-6所示的学习活动，要求学生通过在网络上检索的资源并结合课程所学知识内容，分析某种常见地貌的概念、成因、类型等知识。

图5-6 教师创建"常见地貌类型分析"的课后作业

　　有学生对喀斯特地貌感兴趣，利用地理学科中喀斯特地貌的概念、成因、分类和分布地区等有关的知识对某一地区喀斯特地貌成因和特点进行分析，并将整理后的分析结果提交至学习平台中。教师和同学可对其分析进行评分并提出改进的意见或自己的观点。学生提交分析和师生评价的情况如图5-7所示。

图5-7 学生提交的分析内容和师生对其评价的情况

提升技能：学生自选问题进行分析，有利于主动内化知识，加强对地貌知识的应用。学生查找利用课程所学知识和网络中的学习资源，有利于提高学生整合信息、建构有意义知识的能力。

学习成果：学生提交的地貌分析内容。

学习工具：UMU互动学习平台的图文作业功能。

评价方式：师生共同对问题分析的完成度、合理性和科学性进行量化评分。

持续时间：在直播课后的1~2天内完成。

活动设计

- 活动名称：寻找解法
- 组织形式：学生独立完成或小组合作
- 难易程度：★★★★★

活动描述：在问题式学习中，继提出问题、分析问题之后，学生要寻找可能的解决方法或方案。该活动让学生针对同一问题，从不同的角度出发提出解决方案，并且要阐释该方案提出的依据、总体思路和可行性。活动最初由教师为学生设定真实世界中的问题。问题通常是劣构的，不具备唯一解决思路和方案，运用新旧知识寻找解决方案的过程有一定复杂性和难度，不是简单运用书本知识就可以解决的。教师可以预设一个解决方案，同时还要为学生搭建分析解决方法的脚手架，让学生能够找到问题解决的切入口，并建立起自己的解决思路。学生在教师的指导下，要充分利用已有知识，通过查找相关信息和资料学习新的知识，确定问题解决的思路和方向，逐步形成问题解决的可能方案。活动中，学生可以与同伴进行交流，论证思路、探讨方案的可行性。学生完成解决方案后，可与同学分享各自的方案，在对不同问题解决方案的比较和分析中，得到一些优化建议并进一步调整问题解决方案。

该活动的一般流程为：

教师给出问题 → 学生形成解决思路 → 学生提出方案
↓
学生优化方案 ← 学生方案互评

提升技能： 该活动让学生有意识地围绕特定目标，在分析活动中持续努力，发展了学生发散、研究、判断和反思等认知活动开展的能力，有利于提升他们的有指向复杂思维。

学习成果： 学生提出的问题解决方案及修订后的方案等。

学习工具： 在线学习平台的展示交流区。

评价方式： 教师对问题解决方案的合理性、可行性，解决方案表达的明确性和条理性进行评价，学生对其他同学讨论交流参与的积极性进行评价。

持续时间： 1天内。

活动案例

● **活动名称：** "寻找解法"——不同方法测量 1000 张纸的厚度

● **组织形式：** 小组合作

● **难易程度：** ★ ★ ★ ☆ ☆

活动描述： 三年级学生学习了乘除法的基本运算法则后，教师为拓展学生的思维，开展了一次线上综合实践活动。教师先提出问题：如何计算 1000 张纸的厚度？要求学生以 6 人为一组讨论测量方法。各组长记录并整理小组提出的方案及结果，发布在 UMU 互动学习平台上。教师观看并评述各小组提出的解决方案，学生根据教师的分析，再次在讨论区中回复调整后的方案。该活动的组织流程如图 5-8 所示。

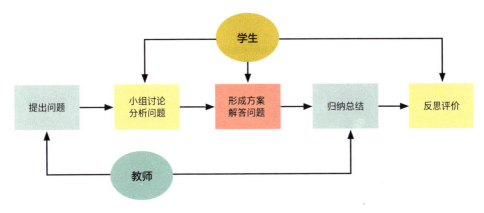

图 5-8　活 动 组 织 流 程

教师在UMU互动学习平台上，用讨论模块发布该活动，鼓励学生调动思维，积极思考。教师要求组长记录和整理小组的解决方案，并在活动期间将方案及测量结果发布到讨论区中。具体任务要求如图5-9所示。

图 5-9　计 算 1000 张 纸 厚 度 的 任 务 要 求

学生通过分析和讨论，对"如何计算1000张纸的厚度"提出了不同的解决方案，如图5-10所示。有小组通过测量书本中100张纸的厚度，进而计算得到1000张纸的厚度；有小组则提出先单独测量1张纸的厚度，然后乘以1000来得到1000张纸的厚度。

图5-10 小组提出不同的问题解决方案情况

在学生提交了各种解决方案后，教师对这些方案进行点评和归纳总结，再让学生反思自己小组提出方案的优缺点并进行改进。学生听取教师的建议再进行讨论，将反思和修改后的方案再次发布。

提升技能： 教师为学生提供开放性的问题，鼓励学生尝试使用不同方法解决问题，有利于提升学生多角度分析问题的能力；学生从多种问题解决方案中选取较优方案，有利于提升学生优化方案的能力。

学习成果： 小组合作提出的解决方案及修正后的方案。

学习工具： 组内讨论使用腾讯会议系统，发表方案使用UMU互动学习平台。

评价方式： 教师对方案的可行性、准确性进行评价，小组成员对讨论交流参与的积极性进行评价。

持续时间： 在直播教学中利用20分钟左右时间完成方案的制订和实施，在当天完成方案的评析与修正。

活动设计

- 活动名称：确定方案
- 组织形式：小组合作
- 难易程度：★ ★ ★ ★ ★

活动描述：传统意义上的掌握知识主要停留在低阶学习目标的达成上，注重识记，而真正能被学生迁移使用的知识常常是他们曾经在不同场景中应用过、真正主动纳入自己知识体系中的知识。确定方案的过程就是基于一定场景整合应用新旧知识的过程。这一过程中，知识应用的目的不再停留在识记知识的层面上，而是为了运用知识来解决问题。问题解决的学习要在问题分析的基础上提出具体的解决方案或方法。活动中，教师先给学生提供问题、分析思路和参考资料，让学生依据所学知识提出解决方案或对可能的多个方案进行比较，最后确定自己认为最佳的方案并陈述原因。活动中，教师可根据学生问题解决的需要告诉学生可利用的原理或者可参考的方法等相关知识，也可提供相关的网络资源让学生自己查找资料。学生提交的设计方案都是共享的，学生可以互相查看和借鉴。例如，在进行校长信息化领导力提升的在线培训中，教师提供了某个学校的发展目标、学校信息化建设规划、信息技术应用情况材料等，请学生对几种可能的实施方案进行分析，然后选定一个自己认为最可行的学校信息化建设方案。

该活动的一般流程为：

教师给定问题及背景材料 ➡ 学生分析问题 ➡ 学生设计并确定方案

⬇

共享方案

提升技能：该活动要求学生为解决问题而进行资料分析，培养了学生利用知识深入分析问题的能力；通过比较分析多个方案的过程，提升学生的判定能力和评估能力。

学习成果：小组提交的设计方案。

学习工具：在线学习平台、各类资源平台。

评价方式：教师和学生对设计方案从可行性、创新性、问题解决程度和合理性等多个维度进行评价。

持续时间：1周内。

活动案例

● **活动名称：**"确定方案"——运用 ASSURE 模式设计教学方案

● **组织形式：**小组合作

● **难易程度：**

活动描述：教学媒体的理论与实践在线课程为学生提供了"媒体教学应用的设计模式——ASSURE模式"相关微课资源及案例材料。微课对相关知识点进行了讲解，学生在学习活动前后均可随时观看。教师开启小组活动，请各小组选取一个教学单元，运用ASSURE模式进行媒体教学应用设计。学生通过小组合作形成设计方案，并上传至交流区，供师生共同学习。该活动组织流程如图5-11所示。

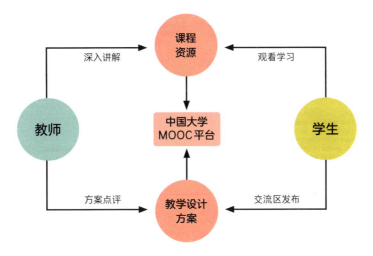

图5-11　活动组织流程

　　教师在中国大学MOOC平台开设的SPOC中发布活动，要求学生针对疫情下的教学，运用ASSURE模式设计一个小学低年级数学课的教学媒体应用设计方案，如图5-12所示。

图5-12　教师布置课后小组学习任务

　　该班第八组6名同学针对人教版数学四年级上册"乘法和除法"一课利用ASSURE模式进行了教学设计。6名同学分别负责不同环节的设计内容，形成完整的方案后发布至交流区中，组成完整的设计方案，如图5-13所示。

图5-13　学生提交的教学方案

提升技能：学生将所学设计模式运用到真实教学的方案设计中，有利于促进学生知识内化，提升其知识迁移能力和分析能力。

学习成果：小组提交的教学设计方案。

学习工具：中国大学MOOC平台中的讨论交流区。

评价方式：教师和学生对小组教学设计方案的完整性和合理性进行讨论。

持续时间：1周内。

活动设计

- 活动名称：反思过程
- 组织形式：学生独立完成或小组合作
- 难易程度：★ ★ ★ ★ ★

活动描述：问题式学习的最后一个环节为反思，回顾问题解决过程和提出方案中存在的问题，从而对问题解决的流程进行调整，不断完善整个过程和优化解决方案。在学生形成了问题解决方案后，教师要有意识地引导学生对问题解决过程进行反思和评价，形成审视自己学习过程的思维能力。对问题解决学习过程进行的反思和评价可以从两方面进行：一是对方案形成的过程进行评价，确认是否遵循规范、是否有遗漏等。二是对方案实施后所产生的效果、作用等从多角度进行评价，确认是否能达到目标、产生预期效果，是否能解决该问题，还要思考是否会带来副作用或负面影响等；若评价效果不理想或产生不良后果，则需要分析原因，并对方案进行修改，直至问题得到圆满解决。

该活动设计过程中教师可以为学生提供问题解决方案，让学生对方案中问题解决的过程和效果进行解析、评价和判定；也可以让不同小组互相评价提出的设计方案，分析可能产生的成效，给出优化建议。需要注意的是，教师一定要清楚表述活动要求，例如，问题解决的环节是否完整，问题解决的每一个环节是否合理，问题是否得到解决，解决过程中是否会引发其他问题。

该活动的一般流程为：

教师提供问题解决方案及要求 → 学生进行评价分析 → 提出优化建议

提升技能： 加深学生对问题解决过程的理解，促使学生对问题解决的流程更加熟练，能提升学生的反思和评价能力。

学习成果： 学生提出的优化及建议分析报告。

学习工具： 视频会议系统。

评价方式： 同学之间对提出的优化建议的针对性、参考价值、分析过程的合理性进行评价。

持续时间： 1周内。

活动案例

● 活动名称："反思过程"——优化出游方案

● 组织形式：小组合作

● 难易程度：★★★★★

活动描述： 本案例是人教版数学二年级下册"混合运算"的线上学习活动。线上教学前，教师要求本班学生以小组为单位，利用QQ、微信等工具开展小组讨论，制订"一日游"出行方案。方案的具体要求如下：目的地自定，至少提出两种乘车方案，并计算出乘车时间与费用。各组学生提交方案给教师，教师随机分配一个方案给各小组，要求各小组对分配到的其他小组方案进行分析并提出优化建议。在线教学中，教师利用腾讯会议系统，采用全班云端展示汇报的方式，由各组长阐述对所分配出游方案进行汇报，负责评价的小组对方案的可行性和合理性进行评价及给出优化建议。该活动组织流程如图5-14所示。

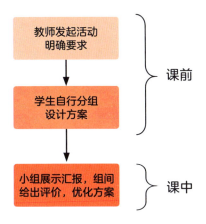

图5-14　活动组织流程

　　教师发起活动后，学生自行分组，每组4~6人，共10组。教师收取10份出行方案，目的地共有三处：振兴小镇、老顶山、神农生态园。学生完成的出游方案如图5-15所示。

项目	方案（老顶山）	费用	项目	方案（振兴小镇）	费用
乘车	1. 公交车：区职业高中上车，乘坐35路到市中心医院下车，步行2分钟到市中心医院对面上车，乘坐14路到炎帝广场下车 2. 出租车：1小时20分钟	1. 公交车3元 2. 出租车87元（不推荐）	乘车	1. 公交车：上党区203路，1小时5分钟；或211路转203路，同站换乘，1小时14分钟；或上党区205路，1小时6分钟 2. 出租车：33分钟	1. 公交车203路、205路均为2元（推荐），211路换乘203路，4元 2. 出租车61元（不推荐）
购票	1. 旺季成人票15元，淡季成人票10元 2. 1.2米以下儿童免费，持学生证、老年证者半价 3. 65周岁以上及持导游证、残疾证、现役军人证者一律免费	现在属于淡季，带学生证还可以半价	购票	1. 通票100元，单项项目收费不等 2. 1.2米以下儿童免费，持学生证、老年证者半价 3. 65周岁以上及持导游证、残疾证、现役军人证者一律免费	推荐买通票
用餐	1. 自带食物 2. 周边有商店	商店东西太贵，最好自带食物	用餐	1. 自带食物 2. 小镇甲有商店	小镇食品有特色，且价格优惠
注意事项	1. 多带些水，商店卖的水太贵了 2. 阶梯比较多，穿舒服的休闲衣服，运动鞋就行 3. 提前网上买票，景点人太多，排队买票费时间 4. 可以提前找好导游		注意事项	1. 停车位较少，不建议开车去 2. 单项项目价格比较高，但滑雪比较优惠 3. 建议工作日去，这样人比较少 4. 爱护环境，不要乱丢垃圾	

图5-15　学生作品——"长治一日游"设计方案

各小组听取汇报后，对分配的出游方案进行分析，给出优化建议，部分优化建议如图5-16所示。

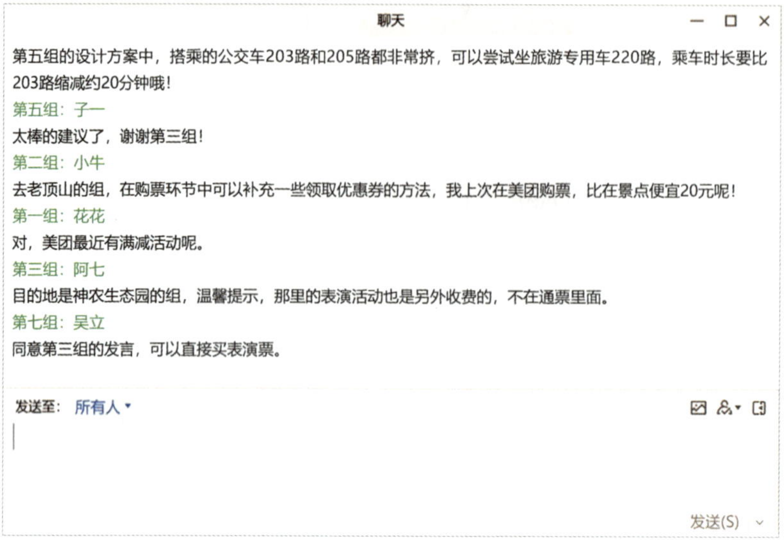

聊天 ─ □ ✕

第五组的设计方案中，搭乘的公交车203路和205路都非常挤，可以尝试坐旅游专用车220路，乘车时长要比203路缩减约20分钟哦！
第五组：子一
太棒的建议了，谢谢第三组！
第二组：小牛
去老顶山的组，在购票环节中可以补充一些领取优惠券的方法，我上次在美团购票，比在景点便宜20元呢！
第一组：花花
对，美团最近有满减活动呢。
第三组：阿七
目的地是神农生态园的组，温馨提示，那里的表演活动也是另外收费的，不在通票里面。
第七组：吴立
同意第三组的发言，可以直接买表演票。

发送至：所有人 ▾

图5-16 组间评价给出方案优化建议

提升技能：通过分析和优化出游方案，培养学生的数学观察意识以及创新意识，在实际应用中发展了学生的数学核心素养。学生通过审阅与思考其他小组出游方案的每个环节，查找存在的问题，提升了反思和辨析能力。

学习成果：每个小组提出的优化改进建议。

学习工具：QQ、微信、腾讯会议等。

评价方式：各小组之间对优化建议的针对性和恰当性进行评价。

持续时间：2~3天。

活动设计

- 活动名称：问题解决
- 组织形式：小组合作
- 难易程度：★ ★ ★ ★ ★

活动描述：基于问题的学习让学生体验问题解决的完整过程。在问题解决过程中，学生必须具备一定的学习技巧与能力，通过自主学习主动地学习知识。为帮助学生主动地学习，教师要注意根据学生已有认知结构和认知能力设计问题，并在解决问题的过程中，为学生提供学习所需的技巧与知识。问题式学习是过程性的，通常由小组合作完成，小组各成员要充分发挥个人才智，团队协作，提出解决问题的方案。在这个过程中，教师要注意引导学生学会有效合作和交流。

完整的问题式学习通常难以在短时间内快速完成，学习活动持续时长由问题的复杂程度或解决问题过程的要求决定，但建议不要当作课外学习活动来实施。复杂的非良构问题解决过程可以帮助师生发现知识学习中的漏洞或空白，知识应用能力的缺失或短板，便于在慢学习中发现真问题。因此，建议教师根据在线教学的需要多设计此类活动。

该活动的一般流程为：

教师提出问题 → 学生分析问题 → 学生形成解决方案 → 确定方案
问题解决 ← 反思过程 ← 确定方案

提升技能：全面提升学生查找信息、分析资料、整合应用知识的能力和发展批判性思维。

学习成果：小组提出的问题解决方案等。

学习工具：在线学习平台。

评价方式：教师针对解决方案的完整性、合理性和可行性进行评价。

持续时间：直播教学中30分钟以内。

活动案例

● **活动名称：**"问题解决"——"财产留给谁"

● **组织形式：**小组合作

● **难易程度：**★★★★★

活动描述：教师通过腾讯会议进行人教版道德与法治八年级下册中"财产留给谁"一课的教学。教师首先为学生播放电视剧《继承人》中家庭遗产纠纷的片段，由此引出财产继承的核心概念和法律条文，然后提供一个真实生活中的家庭遗产案让学生根据法律制定财产分配方案。基于真实的问题，各小组在规定时间内，查阅网络资料和教材中的法律条文，讨论并制定遗产分配方案。小组将方案发至腾讯视频系统的聊天区域后汇报该方案的制定思路，最后由教师进行点评和归纳总结。该活动组织流程如图5-17所示。

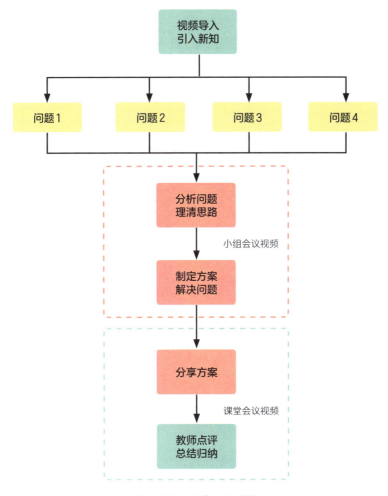

图 5-17　活动组织流程

教师利用腾讯会议为学生播放电视剧《继承人》中家庭遗产纠纷的片段，给出了实际遗产分配的背景材料，引导学生根据书本中的法律条文思考四个问题并形成遗产分配方案：

（1）小磊父亲在法律上称为什么？小磊等人称为什么？

（2）小磊父亲留下的个人合法财产称为什么？

（3）小磊等人继承遗产的权利是什么？

（4）如何解决视频情境中的财产纠纷？

教师要求学生进行10分钟的小组讨论后，回答以上四个问题，并撰写解决该财产纠纷的方案。

小组基于教师提出的四个问题，建立小组内部腾讯会议并在规定时间内进行讨论，如图5-18所示。学生通过查阅网络资料和教材中的法律知识，在尝试回答教师提出的四个问题的过程中，一步步明确了资料中的遗产分配涉及哪些亲属关系，根据法律条文哪些是真正用作遗产分配的财产，如何应用法律条文解决资料中的遗产分配问题，最后撰写出解决财产纠纷的方案。

图5-18 小组建立腾讯会议讨论方案

学生的小组会议结束后，回到在线直播教学中展示方案并汇报，教师进行点评。在所有小组的汇报和点评结束后，教师对该案例进行分析与归纳，并梳理"财产留给谁"中知识应用的关键点和难点。

提升技能：该活动让学生从提出问题开始，体验了完整的问题式学习的各个环节，最后形成问题的解决方案，全面提升问题解决过程中所需要的各项能力。

学习成果：小组讨论形成问题的解决方案及汇报情况。

学习工具：腾讯会议。

评价方式：教师对问题解决方案的合理性和小组内成员参与情况进行评价。

持续时间：直播教学中的20~25分钟。

第六章

交互策略

与人交谈一次，往往比多年闭门劳作更能启发心智。思想必定是在与人交往中产生，而在孤独中进行加工和表达。

——列夫·托尔斯泰

1. 交互策略

教学交互是以帮助学生对学习内容产生正确意义建构为目的，学生和学习环境之间相互的交流与作用。交互作为在线教学中实现教与学重新联结的重要途径，一直是在线学习中的重点。穆尔（Michael G. Moore）提出了远程教学中的三类交互——师生交互、生生交互、学生与学习内容交互，它们于在线学习中的灵活开展可以引发和促进深层次学习。在线学习中多样性的交互将影响批判性思维的发展，而批判性思维被认为是深度学习的重要表现。随着交互层次的增加，学生会产生更深入的思考，促进知识加工的精度和深度。如同伴之间通过讨论形成的解题思路和方法再应用与再发展的可能性比聆听教师讲授的方式迁移应用的可能性更大。在线教学中，师生、生生时空分离，学生与内容的交互更多，学生在使用学习资料中，如观看视频、阅读文本、浏览嵌入网址等，通过设计于其中的教学策略与教学内容发生互动并引发思考。

在线学习相对传统课堂学习来说较自由和开放，学生在选择参与交互的时间、地点、时机和时长等方面都具有更大的灵活性与自主性。为此，在线学习活动的设计要能让更多学生愿意并参与到交互活动中，从交互中受益。目前在在线教学中，教师都会设计一些论坛发帖类的活动，要求学生参与活动，但通常交互层次较浅，未真正发生深入的对话或讨论，不足以促使他们进行深入思考，形成观点等。例如，论坛中学生通常以点赞、同意等方式对他人观点进行回应，却很少进行追问、辨析或总结等。协作中，学生的交互行为多为分享、简单态度表达，而协商、质疑较为少见，并未引发知识建构。因此，交互策略的使用并非仅指于在线教学中设计一些交互活动，更重要的是通过多种形式的交互活动让学生深度参与到在线学习中，引发学生更深入的思考，通过协商讨论主动参与认知活动，促进意义学习的发生。

2. 体现交互策略的6种在线学习活动

结合交互策略的特点，本书梳理了6种能够体现该策略的在线学习活动。

"**边玩边学**"活动让学生通过充满趣味的教育游戏，在玩游戏的过程中实现和学习内容及同伴的交互。伴随智能技术的发展，逼真的场景创设和智能分析推送系统，可为学生提供较自然的人机和同伴交互方式，对学生行为表现及时分析并提供反馈，能吸引和促进学生投入到在线学习中。

"**共同书写**"活动让所有学生同步在网络白板或贴纸墙上快速写出自己的观点或感受，实现全体学生同步实时的互动。

"**问题串烧**"活动由教师设置一系列的主题和不同的讨论主线，让学生自选主题参与讨论，并可在活动过程中增加新的信息或额外问题。这个活动旨在引导学生产生多来回、深层次的交流对话。当学生间产生非常激烈的争论时，教师可协调但不应过多干预。

"**主题辩论**"活动让学生针对固定选题，自主选取正方或反方立场进行在线辩论。辩论中，双方自由交流，每个学生都可提出问题、回应、反馈、分享不同观点、呈现证据材料等，开展多来回、深层次互动。

"**我思我见**"活动指向学生与学习内容的交互。活动中，学生根据教师要求，对指定的文档进行批注和修改，促发与内容的深入理解。

"**观点上墙**"活动指向学生之间基于同一学习内容的持续交互。教师利用视频弹幕功能，让学生对视频中某一内容进行持续讨论。

3.6种在线学习活动的逻辑关系

在线学习中的交互主要包括教师、学生和内容三者之间的互动，体现交互策略的6种在线学习活动分别指向不同类型的交互。"边玩边学"和"我思我见"活动中的交互主要是学生和学习内容的交互，"观点上墙"和"共同书写"活动中的交互主要是学生和学生之间的交互，"主题辩论"和"问题串烧"活动以学生和教师之间的交互居多。6种活动之间的逻辑关系如图6-1所示。

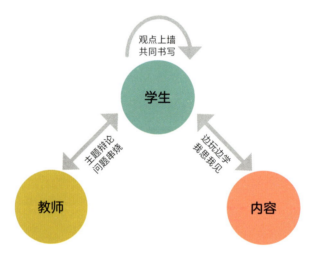

图6-1 交互策略下6种在线学习活动的逻辑关系

活动设计

● 活动名称：边玩边学

● 组织形式：学生独立完成

● 难易程度：★ ★ ☆ ☆ ☆

活动描述：该活动让学生在游戏中进行学习。游戏通过真实感强的情境设计和自然的人机交互，让学生在游戏过程中学习知识。依据游戏界面、交互功能和情节设置等，学生及时获取反馈信息和指引，快速应用知识整合和分析信息，做出判断，调整行为。教师根据学生对游戏天生爱好的心理和对新兴互动媒体的好奇心，让学生在游戏中学习，使在线学习更加生动有趣。教师不需要自行设计游戏，只需要对游戏进行筛选，选择适合学生学习的游戏即可。教师提前对教学内容和游戏内容进行分析，确定如何将游戏结合到教学中并达成学习目标，预先准备好游戏和活动的相关说明，进行游戏时需要注意的事项等，帮助学生快速进入游戏。活动中，学生并不是盲目地玩游戏，他们要根据教师提出的活动要求，在游戏过程中，通过游戏界面、游戏内容、操作控制等，结合游戏提供的反馈信息，整合信息、应用知识、分析判断。教师可以通过学生在游戏中的表现、成效和表述等了解其学习情况。

该活动的一般流程为：

教师选择游戏 → 学生通过游戏进行学习 → 师生反思

提升技能：学生通过游戏化学习可以提升不同场景中知识应用的能力，以及根据反馈信息及时调整学习活动的能力。

学习成果：学生在游戏化学习软件中的得分或等级。

学习工具：游戏化学习软件或者网站。

评价方式：教师根据学生在游戏软件中的表现及闯关成绩等进行评价。

持续时间：2天。

活动案例

● **活动名称：**"边玩边学"——"100以内加减法"游戏化学习

● **组织形式：**学生独立完成

● **难易程度：**★★★★★

活动描述：在人教版数学二年级上册"100以内加法（二）"在线教学中，教师讲解了100以内加减法的进退规则后，让学生用游戏APP（"贝贝学习数学加减法"）对100以内加减法进行巩固学习，并根据学生的闯关成绩奖励不同数量的小红花。该活动组织流程如图6-2所示。

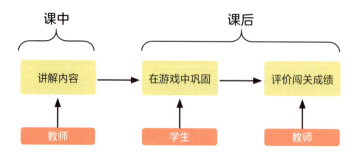

图6-2　活动组织流程

根据不同的计算难度，"贝贝学习数学加减法" APP分为简单、普通、困难三个等级，如图6-3所示，学生可根据自己的学习情况选择不同难度。该APP还提供100以内加减法的教学视频，学生可以根据自身需要选择教学视频观看。

图6-3 数学游戏APP的难度等级及教学视频

游戏的每种难度等级下各设有8个不同类型的游戏场景，每种场景的游戏规则类似。学生在规定时间内完成的题目越多，闯关获得的小星星就越多，如图6-4所示。

图6-4 数学游戏APP的8个不同的游戏场景

每个学生在完成游戏后将自己的闯关成绩截图发至班级微信群，教师根据学生的闯关成绩奖励不同数量的小红花，如图6-5所示。

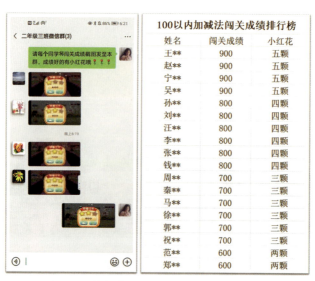

图6-5　教师收集学生闯关成绩并给予奖励

提升技能： 通过 "100以内加减法" 的游戏，学生可以提升学习兴趣。此外，带有教育意义的游戏APP拥有丰富多样的游戏场景和反馈机制，让学生在不同的游戏场景闯关中练习了大量计算题并且也不会感到厌倦，提升学生的计算能力，深化巩固所学内容。

学习成果： 学生完成游戏的难度及成绩。

学习工具： 数学游戏APP（"贝贝学习数学加减法"）、微信。

评价方式： 学生在数学游戏APP中的闯关成绩；教师对学生的闯关成绩进行汇总，根据不同的闯关成绩给出小红花作为奖励。

持续时间： 2天。

活动设计

- 活动名称：共同书写
- 组织形式：学生独立完成
- 难易程度： ★ ★ ★ ★ ★

活动描述：该活动通常发生在直播教学过程中，用于及时将学生的思考结果以可视化的方式呈现出来，增加学生和学生之间的实时同步交流。教师在直播教学过程中，可利用直播平台的共享白板、发送小纸条等功能发起活动，也可利用网上贴纸墙等应用工具发起活动。这种交互活动，类似于常规课堂教学中，教师提出问题后，学生集体回答；不同之处是在教学平台中，每个学生的回应内容都清楚地呈现出来，学生和教师都可清楚看到每个同学回应的内容，教师还可储存下来进行分析。这一活动通常由教师发起并提出问题、展示观点或讲解某种解法等，然后开启直播教学平台的白板共享等功能，让学生在白板上简洁地写出自己的观点、解题过程或答案等。教师和学生均可同步看到其他同学书写的内容，并可对其观点进行回复、补充或更正，对白板上呈现出的众多观点和方法等进行分析判断与反思改进。活动中，教师要及时引导学生关注同伴的不同看法或解法，让实时交流在促进学习思考和分析上的作用得以发挥。如果学生在此时于聊天区自发开展了文字讨论，教师应及时进行引导，促进深入讨论和更多样化的内容在共享白板上出现。由于直播教学时间有限，教师一方面要鼓励更多的学生在白板上写出自己的内容，另一方面要有效控制该活动的时长。

该活动的一般流程如下：

教师提问或抛出问题 ➡ 学生白板书写 ➡ 学生总结反思

提升技能：学生需要快速反应，用文字实时回应教师提出的问题，有助于提升学习专注力和表达能力。学生及时阅读不同观点，进行实时交流，有助于认识观点的多样性、方法的有效性，也有助于其反思能力的提升。

学习成果：学生利用共同书写软件呈现的内容。

学习工具：在线直播平台的白板共同书写功能。

评价方式：教师对学生发表的内容进行评价，学生对内容进行的修改和调整等。

持续时间：直播教学中20分钟以内。

活动案例

● 活动名称："共同书写"——远程学习资源的分类

● 组织形式：学生独立完成

● 难易程度：★ ★ ★ ★ ★

活动描述：在"网络远程教育"课程的直播教学中，教师讲解"远程学习资源的分类"之前向学生提出问题"你用过的远程学习材料有哪些？"并要求学生依托砺儒云平台的白板工具进行共同书写。学生共同书写完成后，教师对学生的答案进行梳理和总结，引出核心学习内容："远程学习资源的分类。"该活动组织流程如图6-6所示。

图6-6　活动组织流程

　　教师提出问题："你用过的远程学习材料有哪些？"要求学生3分钟内在共享的白板上用手写工具、文字输入工具等将自己的答案写出来。

　　学生共同书写完成后，教师对学生的回应内容进行归纳整理，总结为以下6类：文本资料、课件及讲义、视频材料、习题库、拓展资源、虚拟仿真实验，如图6-7所示。教师将学生回应的上述6类远程学习材料与该单元学习的核心知识点"远程学习资源的分类"内容进行对比，加深学生的理解。

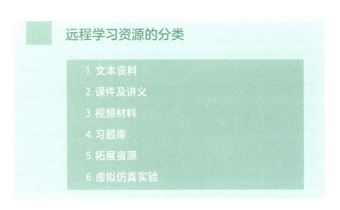

图6-7　教师引出核心知识点

　　提升技能：通过"共同书写"活动，引发学生对先前知识与经验的梳理，提升学生的归纳总结能力。学生看到其他同学的作答内容扩大了自己的知识面、拓展了自己的思维。

　　学习成果：学生对自己先前的知识与经验进行归纳梳理后形成的作答内容。

　　学习工具：砺儒云课堂平台的白板共同书写功能。

　　评价方式：教师对学生的回应内容进行评价和归纳总结；学生在书写过程中，通过观察其他学生的作答内容和过程进行自我评价。

　　持续时间：20分钟以内。

活动设计

- 活动名称：问题串烧
- 组织形式：学生独立完成
- 难易程度：★★★★★

活动描述： 问题串烧是指在直播教学或线上实时答疑中，教师持续向学生提出有递进关系的问题，要求学生结合所学知识，快速思考和回应一系列的问题。教师发出一系列需要讨论和辩论的问题或具有争议的帖子等，通过连续不断的提问，让学生做出回应，然后根据学生的回应进行分析总结，引发深入思考或引出下一个讨论主题。教师既可以每周或每个单元提出需要学生回应的系列议题或主要问题，要求学生在三到四个小时的讨论时间内作答；也可以一次提出多个问题，让学生快速进行连续回应。教师提出的每个问题或主题都是同一主题或核心问题中相互关联且存在递进关系的问题。教师或教学设计者要为每个主题或核心问题衍生出系列问题，随着回答的进行可随时增加新的信息或额外问题。教师在这个过程中要对学生的回应及时分析反馈，并在需要时给学生解答或者让学生与学生之间互相解答，学生则在不断回应的过程中，引发对所学知识内容的深度思考和综合应用。

该活动的一般流程为：

教师设置问题主线 → 教师提出问题 → 学生持续回应

提升技能：通过持续回应问题，提升学生的思维活跃度；学生通过不断回应教师的提问将所涉及的知识利用起来，促进综合应用知识的能力。

学习成果：学生在论坛上的发帖或师生、生生之间的相互应答内容。

学习工具：在线课程的学习论坛区，直播平台实时答题功能。

评价方式：教师及同学之间对学生发帖的数量及质量进行评价。

持续时间：1学期内。

活动案例

● 活动名称："问题串烧"——连续性提问

● 组织形式：学生独立完成

● 难易程度：★ ★ ★ ☆ ☆

活动描述：在信息技术教学应用课程的教学中，教师借助蓝墨云班课平台，每周为学生发布多个话题，要求学生选择自己感兴趣的话题发表观点。教师提倡学生之间相互解答与质疑，根据学生发帖数量及质量给学生不同的经验值。该活动组织流程如图6-8所示。

一学期的教学中，连续性提问活动共进行了九周。教师根据每周教学内容设定的问题或话题，个数少则2个，多则14个，总共发布了55个讨论话题，如图6-9所示。

图6-8 活动组织流程

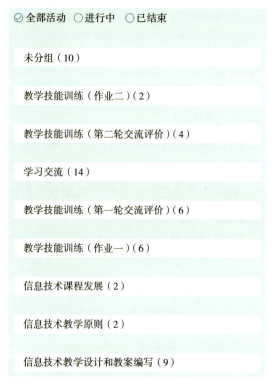

图6-9　连续性提问活动的主题内容

　　每个主题包含的讨论话题均与该周的教学内容有关，部分主题下的讨论话题如图6-10所示。

图6-10　不同的讨论话题

每个同学选择自己感兴趣的话题表述观点，参与讨论。同一个话题中的同学以点赞、讨论、解答及质疑他人观点的方式进行交互，教师根据学生发帖的质量给出不同数量的经验值，如图6-11所示。

图6-11　部分学生之间的交流讨论情况

提升技能：师生或者生生之间基于连续性相关主题的讨论和相互点赞、解答以及质疑等交互活动，促使学生进行深入思考，有助于提升其观点分析和梳理的能力。

学习成果：学生每周在教师发起的话题下回复的内容。

学习工具：蓝墨云班课平台。

评价方式：教师或学生对讨论话题下每条帖子给予不同数量的经验值。

持续时间：1周内。

活动设计

- 活动名称：主题辩论
- 组织形式：小组合作
- 难易程度：★★★★★

活动描述：该活动为在线主题辩论会。活动中，教师结合所学内容，提供背景材料、观点看法或典型事件等，提出主题辩论会的要求，规定活动方式和时长等，发起活动。学生根据自己对材料的理解，确定自己加入正方还是反方参与辩论，自由组成正、反两队。组队完成后，双方内部确定成员分工，包括主持人、参与者等。教师和双方同学确定好辩论时间后，利用在线直播平台开展辩论活动。辩论过程中，教师指定几名同学负责整理双方的观点，并且对观点进行归纳和总结。与常规现场的辩论活动不同，线上辩论活动除正反方代表之间用语言进行观点的交流外，双方成员还可利用直播平台的聊天功能通过文字陈述观点，并提供图片、图表等支持论述，助力主辩手。主辩手也要不断了解和回应聊天室中的讨论、质疑和争论。辩论从两人主力参与变成双方多人同时参与，思维的碰撞和观点的发展在两个通道中同时发生。线上辩论的多线程加大了辩论的激烈程度，要求双方快速加工信息、提炼和思考对方的观点，并快速做出判断。与传统辩论单线程开展、参与者不多的情况相比，在线辩论交互的深度和广度都更大。

活动中，教师作为引导者，需要协调辩论的进行过程，避免观点不同突发演变为学生的对立。为保证该活动持续有效进行，教师可以采用特殊证书、表扬、积分或其他形式来奖励积极参与的学生。

该活动的一般流程为：

教师提供辩论材料 → 学生分组及分工 → 学生在线辩论 → 总结

提升技能：活动中，学生通过互动辩论，不断深化对主题的认识，理清分析思路，能提升利用知识快速分析判断的能力。辩论多线程进行，还能提高学生的讨论技能，以及理解不同观点和资源共享的能力。

学习成果：辩论前准备的辩论材料及最终的辩论成绩。

学习工具：在线直播平台及资源搜索工具。

评价方式：教师及同学对正反两队在辩论过程中的发言数量和质量，正反方观点的鲜明性、论证过程的合理性和论述技能的水平进行评价。

持续时间：1~2课时。

活动案例

● **活动名称：**"主题辩论"——"转基因食品安全性"在线辩论会

● **组织形式：**小组合作

● **难易程度：**★ ★ ★ ★ ★

活动描述：根据课程内容选取有争议性的话题，通过开展辩论可以增强学生对问题的认识和理解。在人教版高中生物选修3中"转基因生物的安全性"教学中，为帮助学生更深入了解转基因工程技术以及转基因食品的安全问题，教师针对社会上对转基因食品安全的争论，提供基本的观点材料，组织在线辩论会。辩论开始前，学生通过观看微课学习了有关转基因食品的内容后，明确自己持有的观点，分别加入到正、反方，并通过网络查找关于转基因工程原理，转基因食品利与弊的理由和案例，为辩论会做准备。教师利用腾讯会议在约定的时间开展线上辩论会，正反双方通过语音发言、文字讨论、材料展示等强化自己的观点，质疑追问对方。辩论结束后，通过教师点评以及师生投票选出最佳辩手。该活动组织流程如图6-12所示。

01 确定辩论主题	02 准备阶段	03 开展在线辩论	04 点评
教师选取具有思辨性的话题作为辩论主题 发布辩论的主题和要求至平台	学生明确辩论的主题和要求 正反方利用网络查找、分析整理资料和案例，为辩论做准备	平台：腾讯会议 正方发言（3分钟） 反方发言（3分钟） 攻辩（90秒） 自由辩论（5分钟）	教师点评 观点鲜明，论证充分，层次清晰，逻辑严密，表达流畅等 师生投票 选出最佳辩手

图6-12 活动组织流程

教师发布了如图6-13所示的辩论会活动背景和要求。学生联系课程所学内容，利用网络搜索转基因食品信息和案例，为线上辩论会做准备。

图6-13 教师发布主题辩论会任务

学生通过网络搜索了有关转基因食品的各种观点，通过整理和总结形成支持辩论正方或反方观点的理由和论据，并在辩论会中与对方进行论证。多个来回的质疑、争论与回应，促进生生之间观点的交流。

提升技能：在为辩论会做准备时，学生需要通过网络或者其他方式收集、分析和处理信息，培养了学生信息收集和综合处理能力。辩论过程可以培养和锻炼学生的批判性思维能力、研究能力、逻辑推理能力、快速阅读的能力。在整个辩论会的准备和开展过程中，学生的团队合作能力也得到提升。

学习成果：学生从利与弊方面对转基因食品做出总结和汇报，并有相应的实际案例或数据。

学习工具：在线学习平台（雨课堂）、在线会议平台（腾讯会议）、网络资源搜索平台。

评价方式：教师及同学对学生查找转基因食品信息和案例的科学性、辩论的逻辑性以及正反方学生参与辩论的积极性等方面进行评分，评选出胜利的一方和最佳辩手。

持续时间：1~2课时。

活动设计

○ 活动名称：我思我见

○ 组织形式：学生独立完成

○ 难易程度：★ ★ ☆ ☆ ☆

活动描述：在线学习过程中学生利用各种学习资源进行自主学习是主要的学习方式，因此学生与学习资源所承载的学习内容之间的交互是学习交互中重要的方式。如果在自主学习中，学生只是应付式地浏览和观看学习材料，未能提出问题、记录重点、发出评述等，那学习通常是"小和尚念经，有口无心"，难以达到好的效果。为了让学生通过学习材料感受其中的教学理念、方法和指导，教师可以设计对所观看的学习材料进行批注的活动，促进学生与学习内容进行交互。例如，在学习某个章节之前，教师可以先把学习资料发送给学生，让学生进行批注，如让学生找出文章每个段落的主题句，让学生针对内容批注自己不懂的地方。通过批注加强学生对学习资料的深入阅读、仔细分析，与学习内容进行深度的交互。教师设置该活动除需要明确批注的要求外，还需要向学生明确用什么方式进行批注（可以使用Word文档或者PDF文档）。学生参加活动过程中需依据教师的要求，用批注工具记录学习心得、疑问、感想等。

该活动的一般流程为：

教师发布要求 ➜ 学生批注并提交 ➜ 教师评价

提升技能： 批注的活动可提升学生对内容的精加工能力。

学习成果： 学生修订的内容。

学习工具： 有批注或修订功能的文字处理软件，如Word、PDF文档和印象笔记等。

评价方式： 教师对学生批注内容的合理性与正确性进行评价。

持续时间： 1周内。

活动案例

● **活动名称：** "我思我见"——说明文解读

● **组织形式：** 学生独立完成

● **难易程度：** ★ ★ ★ ★ ★

活动描述： 为学生提供或推荐与课文相关的课外阅读材料，可以拓宽学生的知识面。学生在阅读时，把自己的阅读感想、见解和疑问做随手批注，是深入思考的表现，可以促进对文章的理解。本案例选自人教版语文八年级下册单元二的说明文教学内容。学生学习了说明文的知识之后，阅读教师提供的课外说明文阅读材料，借助文献查阅工具，把自己的阅读体会在阅读材料中做批注，最后将批注后的阅读材料提交至平台。该活动组织流程如图6-14所示。

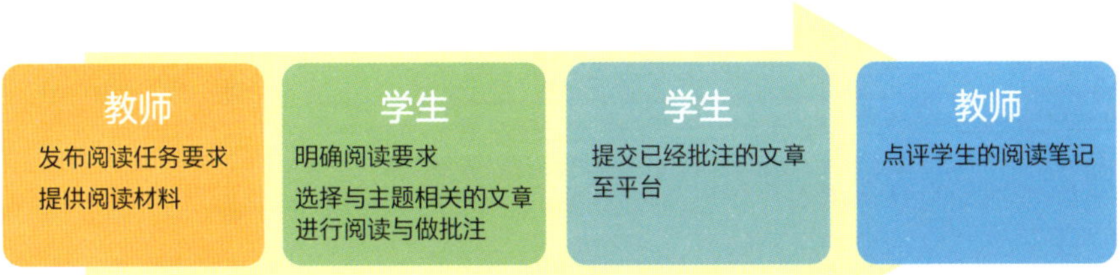

教师	学生	学生	教师
发布阅读任务要求 提供阅读材料	明确阅读要求 选择与主题相关的文章 进行阅读与做批注	提交已经批注的文章 至平台	点评学生的阅读笔记

图6-14 活动组织流程

教师发布了如图6-15所示的活动要求，同时提供了课外说明文阅读材料，如图6-16所示，要求学生选择一篇感兴趣的文章进行阅读并批注，最后需要将批注过的文档提交至平台。

图6-15　教师基于UMU学习平台发布作业要求

图6-16　教师提供的学习资料

学生下载教师提供的文章，利用阅读工具打开文章进行阅读，对文章中自己有感想或疑问的描述或观点进行批注。学生提交的批注文档如图6-17所示。

鲨鱼是海洋系统的"整容师"

1 鲨鱼是海洋中的庞然大物，也是食肉类的凶猛鱼类，号称"海中狼"。==可是，最近它被贴上了"整容师"的标签，因为它可以改变海洋中很多鱼的眼睛和尾鳍的尺寸==（打比方，把鲨鱼比作"整容师"，生动形象地说明了鲨鱼在海洋中的地位）。听到这些，你是否感到十分惊讶呢？

2 原来，在海洋系统中，许多小鱼都有着较大的眼睛和有力的尾鳍，帮助它们及时发现并快速躲避鲨鱼的攻击与吞食。尤其在鲨鱼出没捕食的低光环境下更是如此。一定尺寸的尾鳍可以保证鱼类突然加速游动，以此来远离鲨鱼的追捕。==但是，在2018年1月，西澳大利亚大学等机构研究人员的最新研究发现，近年来由于人类对鲨鱼的大量猎杀，多种鲨鱼濒临灭绝==（作引用，引用研究发现，使得说明更准确科学）。鲨鱼数量的减少，使得其他鱼类的生存得到了暂时的和平安稳，导致它们的形态也正在发生明显的改变，如眼睛变小、尾鳍变小。因此，鲨鱼就成了海洋里的"整容师"。

3 研究人员对澳大利亚西北海域罗利沙洲和斯科特礁两个珊瑚礁中 7 种不同的鱼类专门进行了对比分析。这两个珊瑚礁有着相似的自然环境，但不同的是，罗利沙洲禁止捕鱼，鲨鱼数量比较稳定，而斯科特礁允许对鲨鱼进行商业捕捞，且已经持续了一百多年。研究人员分别在两个珊瑚礁海域进行了采样捕捞，并测量了所捕捞鱼的体长、体宽、眼睛和尾鳍大小。==结果发现，与罗利沙洲的鱼类相比，斯科特礁同种鱼类的眼睛尺寸小46%，尾鳍尺寸小40%==（运用作比较和列数字的说明方法，通过斯科特礁和罗利沙洲的比较和数字，准确具体地说明了鲨鱼对海洋中许多鱼的眼睛和尾鳍尺寸的影响）。

4 研究人员解释说，人类捕猎鲨鱼使其数量减少，会造成一系列生态后果，小鱼的眼睛及尾鳍尺寸发生变化仅仅是一个方面。其实，鲨鱼数量的减少还在悄悄地影响着其他海洋生态系统。

5 首先，鲨鱼数量的大幅度减少，那些体弱多病、基因突变导致畸形的鱼，就不会及时被消灭，进化过程中的优胜劣汰也不能更好地延续下去。那些没有被吃掉的弱鱼、病鱼就会一直繁殖下去，直到基因退化。这不利于种群的健康发展，对整个海洋生物多样性、优化性将是一个致命打击。

6 其次，鲨鱼数量的大幅度减少，将使海洋生态环境无法正常维持，水质会进一步恶化。因为，==鲨鱼是海洋系统名副其实的"清道夫"，它可以通过清理腐烂的大型海洋动物尸体，来净化海洋生态环境==（运用打比方，"清道夫"原指清扫马路的工人，文中用这一词语生动形象地表现了鲨鱼清扫海洋腐烂大型动物尸体，净化海洋环境的作用）。

7 由此看来，鲨鱼在保持海洋生态系统平衡中扮演了至关重要的角色，称它为海洋系统的"整容师"一点儿也不为过。

选自《知识窗》，2018年第4期，有删改）

说明对象 鲨鱼
说明顺序 逻辑顺序
　　文章主要介绍鲨鱼在海洋系统中的作用，包括改变海洋中很多鱼的眼睛和尾鳍的尺寸；维护海洋生态平衡，有利于种群的健康发展；净化海洋生态环境，改善水质。

图6-17　学生阅读文献的笔记

提升技能：学生在阅读过程中，对文章中的内容和观点做批注，是学生知识的输出表现，可以提升学生精细阅读的能力，也可以锻炼学生辨析、质疑的能力。

学习成果：附带批注的文献。

学习工具：文献阅读工具、UMU学习平台、文献资料库。

评价方式：教师根据学生对文献批注的真实度、阅读文献感想的独特性与深度进行打分并给出评语。

持续时间：1周内。

第七节
"观点上墙" 活动

活动设计

- 活动名称：观点上墙
- 组织形式：学生独立完成
- 难易程度：★★★★★

活动描述：在线学习中，学生独自观看授课视频进行学习时，容易感到枯燥乏味。如果学生在观看视频的时候，可以就感兴趣的观点或不明白的讲解与在线同伴实时交流讨论，则有助于保持活跃的学习状态，促进有深度思考的发生。弹幕是目前很多视频平台都支持的功能，也是学生喜欢的交互方式。他们在观看视频的时候喜欢打开弹幕观看他人发表的评述或提出的问题，也会利用弹幕发送自己的观点、看法。在线教学也可以借用这种互动形式，让学生在观看学习视频时，利用弹幕与其他同学交流，引发对学习内容的多角度认识和深度思考。该活动中，教师不需要做太多准备，只需要确认学生观看视频的平台有弹幕功能即可。由于在学习中使用弹幕与平时观看视频使用弹幕的目的不同，因此教师要对弹幕的内容做出要求，规定学生针对学习内容进行讨论和交流，不能发送无关信息等。该活动的目的是促进学生对视频中学习内容的深入讨论。

该活动的一般流程如下：

教师准备弹幕软件 ➡ 学生观看视频并发送弹幕 ➡ 师生评价

提升技能：该活动可帮助在线学生即时互动、分享和交流观点，有助于他们对学习内容进行多角度认识和深入思考，同时也可帮助他们学会关注和理解他人的观点。

学习成果：利用弹幕功能发表的观点。

学习工具：具有弹幕功能的视频播放软件。

评价方式：教师根据学生发表观点或者意见的次数以及与他人交流的深度进行评价。

持续时间：1节直播教学课以内。

活动案例

⚪ 活动名称："观点上墙"——发送弹幕

⚪ 组织形式：学生独立完成

⚪ 难易程度：★★★★★

活动描述：在人教版数学七年级上册"有理数的混合运算"一课的教学中，教师为了帮助学生更好地学习基本运算规则，借助"好弹幕"软件，让学生把听课过程中存在的问题以弹幕的形式发送在屏幕上，教师和其他学生都可随时对弹幕上的问题进行解答。该活动组织流程如图6-18所示。

图6-18 活动组织流程

教师提前下载"好弹幕"软件，并调整弹幕的颜色、字体、大小及滚屏速度等，如图6-19所示。

图6-19 "好弹幕"软件的下载与设置

教师邀请学生进入"好弹幕"软件，让学生在观看"有理数的混合运算"录播课时，跟着录播课中教师的要求进行练习，用弹幕的方式输入课中的问题或练习题的答案。学生之间通过发送弹幕的方式相互答疑解惑，教师根据学生发布的弹幕内容情况及时进行解答或指导，如图6-20所示。

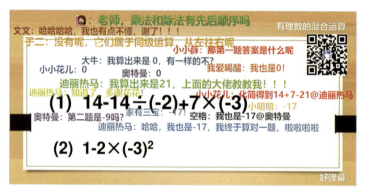

图6-20 师生借助"好弹幕"软件进行互动

提升技能： 弹幕的注解讨论比传统论坛帖子更加生动和方便。学生通过在线视频学习中发送弹幕，能提升学生之间的互动效率、降低其在在线学习中的孤独感。

学习成果： 学生以发送弹幕的方式来呈现自己存在的疑问并相互答疑。

学习工具： 好弹幕、腾讯会议。

评价方式： 教师根据学生发布弹幕的数量及质量进行评价。

持续时间： 直播教学中的20分钟以内。

第七章
反馈策略

学生沉迷游戏是因为游戏能及时反馈，让学生感受到成就感，看到下一步希望。

——刘良华

第一节
反馈策略的原理

1. 反馈策略

持续评价、及时反馈是引导学生反思自己学习状况并及时调整学习策略、实现深度学习的有效途径。教学中的反馈多由教师或他人提供给学生，可以帮助学生知晓自身学习程度、水平和状况等，并根据建议进行调整，以更好地达成学习目标。教师对学生学习过程中存在的问题和取得的进步做出及时的反馈，能够提升学生学习的动机。有效反馈能够影响学生的认知，学生在得到教师或同伴的反馈信息后，才能知道自己提出的方法、得到的结论等是否恰当或正确，从而重新调整和纠正原有的认知活动与方法步骤，实现自反馈。因此，教师在设计教学反馈活动时，应该充分发挥反馈的强化功能、矫正功能和改进功能，尽量为学生提供及时的、积极的反馈。

在线教学和传统课堂教学在教学方法、教学指导、教学管理等方面都存在较大差异。在师生分离的情况下，教师和学生之间同步实时的交流较少，因此在线教学中及时和个性化的反馈对学生更为重要。在线教学中，反馈可以由教师和同伴提供，还可以由学习平台中的智能系统提供；反馈可以是实时的，也可以是非实时的；反馈的方式可以是文字、语音或图片。在线教学中，教师给出的反馈多是指导性和帮助性的，有利于学生及时改进存在的问题并调整学习方向。如教师发现学生对问题的理解不够深入，可以提示学生需要深入理解的方向，引导学生进一步学习。由学习平台中的智能系统提供的反馈可以让学生及时了解自己的学习情况和成效，根据系统提供的数据或建议来检测自己的学习进展，及时发现学习过程中存在的问题。如学生进行在线练习后，可以立即通过学习平台的自动批改和结果分析功能了解自己的练习情况与存在的问题。这种智能反馈还可以帮助学生发展必要的元认知策略，从而极大地改善学习方式和结果。同伴之间的反馈，如同伴互评、作品批注等，更易被学生接受。在同伴互评过程中，评价的学生被赋予了教师的角色，有助于学生进行负责任的学习；获取反馈的学生则可从同伴评价中得到启示，改进学习。

2. 体现反馈策略的6种在线学习活动

结合反馈策略的特点，本书梳理了6种能够体现反馈策略的在线学习活动。

"**有求必应**"活动用于教师对学生提出的问题定时给出实时反馈。教师可基于常用的社交软件，在约定的时间内定时提供同步反馈。

"**逐级提问**"活动由教师依据三级框架设计问题，问题难度逐级增加，学生回答问题，教师及时评述和回应。

"**评星定级**"活动中，教师对学生的作业、作品等进行有针对性的反馈和指导，并挑选出具有示范价值的作业、作品进行表彰。学生根据教师的意见或建议进行修改，不断改进作业、完善作品。

"**实时投票**"活动多发生于在线直播教学中。教师给出清晰的描述后，提供投票选项，发起实时投票，学生参与投票活动并做出选择。教师可以通过该活动及时了解学生对知识点的掌握情况，从而调整教学策略。

"**轻松一刻**"活动指在直播教学中，教师为学生提供可以互相聊天、互相解答问题的轻松线上聊天空间，提供学生就学习感受等获取及时反馈的方式。

"**互评互议**"活动让同伴之间对作品进行互评，由同伴提供反馈意见的活动。同伴评价的角度更接近被评价的学生，提出的建议更容易被理解和接纳。

3. 6种在线学习活动的逻辑关系

反馈是教学过程中必要的环节，是帮助学生调整学习的有效方式，更是在线教学中联系师生和生生，提升学生教学存在感和学习集体存在感的重要途径。体现反馈策略的活动方式多样，这里列举的6种在线学习活动是最常见的活动方式。这6种学习活动反馈的发出者各不相同。"有求必应"和"实时投票"是教师对学生的反馈，这两种活动通常都是实时反馈。"评星定级"和"逐级提问"活动也是教师对学生的反馈，但是这两种活动通常都是非实时反馈。"轻松一刻"和"互评互议"活动都是学生对学生的反馈，这两种活动中前者通常是实时反馈，后者为非实时反馈。6种在线学习活动之间的关系如图7-1所示。

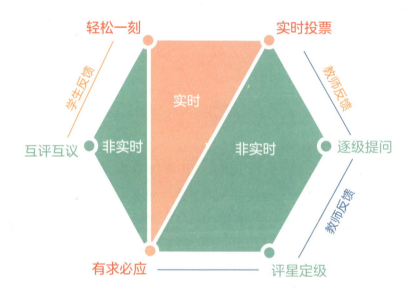

图7-1　反馈策略下6种在线学习活动的逻辑关系

活动设计

● 活动名称：有求必应

● 组织形式：学生独立完成

● 难易程度：★★★★★

　　活动描述：互联网和智能移动终端的广泛应用使移动学习逐步普及，也使同步在线辅导和及时快速的在线教学反馈成为可能。利用移动设备为学生提供的及时反馈更及时，便于个性化教学的开展，有助于解决在线教学中师生分离所带来的教学存在感不强的问题。在线教学实践中，学生在遇到讲解答疑、存在疑问等时，可利用移动终端便捷地向教师请教，教师也可以及时向学生提供反馈。学生可以使用移动设备将问题拍照发送给教师，或直接发送文字、语音给教师。教师在接收到学生的问题后，可针对性地为学生提供讲解答疑，为学生提供相应的学习资源。在智能自适应平台中，一些问题经智能分析后，平台可自动形成反馈信息，并快速、及时地发送给学生。学生得到教师或平台的及时反馈后可调整思路、改进方法和深入理解学习内容等。当然，教师不可能每天24小时在线，用移动终端实时解答学生的问题，因此在该活动设计中，教师需要与学生约定指导与反馈的时间、工具、方式等。

该活动的一般流程为：

约定时间 ➡ 学生提问 ➡ 教师实时解答 ➡ 学生总结

提升技能：及时和个性化的反馈，有助于提高学生学习的积极性。给学生提出问题的机会和专用时间，能提升学生质疑和思考问题的能力。

学习成果：每个学生提出的问题及得到反馈后的调整情况。

学习工具：移动学习设备、聊天软件等。

评价方式：教师根据学生提出问题的质量及互动情况进行评价。

持续时间：20分钟（由学生请求后预约）。

活动案例

● **活动名称**："有求必应"——地理在线实时辅导

● **组织形式**：学生独立完成

● **难易程度**：★ ★ ★ ★ ★

活动描述：高中地理的教学内容比较抽象，常会拓展应用于分析自然现象和生活实际情况，学生无法简单地从教材中找到答案，需要教师针对性的指导。某高三学生在课后利用微信向教师请教地理学习的问题，在师生约定的线上指导问答时段里，学生可以发送文字和图片向教师提问，教师可以通过发送文本信息、语音、图片、视频等回复学生的问题。如果教师在对多个学生的个别指导中，发现共性问题或需要重新向全体学生讲解的内容，则可以在直播教学或课堂教学中进行说明或讲解。该活动的具体组织流程如图7-2所示。

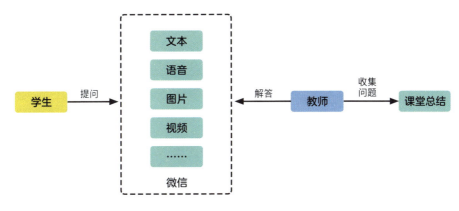

图7-2　活 动 组 织 流 程

　　如图7-3所示，有同学对作业当中提到的"焚风效应"有疑问，在规定的答疑时间利用微信向教师提问，教师则及时发送语音和文字解答学生疑问。

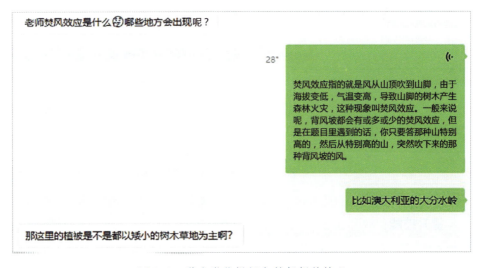

图7-3　学生微信提问和教师解答情况

　　教师除了可以用语音和文字反馈与回复学生的提问外，还可使用图片和网址、文档等，具体情况如图7-4和图7-5所示。

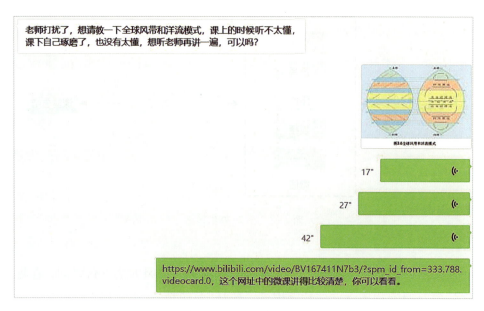

图7-4　教师用语音和图片等解答学生问题

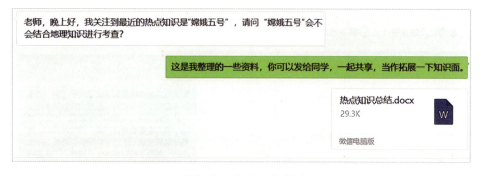

图7-5　教师发送材料以解答学生问题

提升技能： 教师通过发送语音、文字、文档、图片、视频、网址等提供反馈和解答，可提高学生的学习积极性，培养学生根据教师的指导理清思路、解决问题的能力。

学习成果： 学生通过教师及时的反馈解决学习中的疑难问题。

学习工具： 微信。

评价方式： 教师根据学生疑难问题的解决情况进行评价。

持续时间： 20分钟内（与学生事先约定）。

活动设计

● 活动名称：逐级提问

● 组织形式：学生独立完成

● 难易程度：★ ★ ☆ ☆ ☆

活动描述： 科斯塔（Authur L. Costa）提出了三级提问方法：第一层级，提出事实层面的问题；第二层级，提出解释和分析层面的问题；第三层级，提出思考层面的问题。教师可以于在线教学中通过三级提问来了解学生对知识的掌握情况，引导学生由浅入深逐步达成高阶学习目标。教师在三级提问活动中要对学生的回答做出及时的反馈和纠正，引导学生从表面入本质，逐步深入思考。首先，教师要在活动前设计三级提问的问题提纲，保证问题难度层次逐级递进；其次，教师还要预设不同难度级别问题的回答方式，是全体学生都回答或是部分学生回答或是指定学生回答；最后，教师需要确定用什么工具平台来组织活动。例如，为了让所有学生都能参与活动和回答问题，教师可以将问题设计成选择题，提供答案选项，利用在线教学平台的投票、在线练习或问卷等功能来开展。这种情况下，教师可以实时了解全体学生的回答内容、答题正确率等数据，及时了解学生对每个层级问题对应学习目标的达成情况，及时对错误率较高的问题反馈、进行针对性的讲解等。在活动过程中，学生通过回答不同层级的问题，对所学内容的理解将逐步加深。

该活动的一般流程如下：

教师设计三级问题提纲 → 教师提问 → 学生回答 → 教师反馈指导

提升技能： 通过教师不断提问及对学生回答的反馈，促进学生递进式深入思考，提升学生对信息的深度处理能力。

学习成果： 学生回答的情况。

学习工具： 在线学习平台的论坛区、投票功能、调查问卷功能或在线练习等。

评价方式： 教师根据学生回答问题的正确率进行评价。

持续时间： 10~20分钟。

活动案例

● **活动名称：** "逐级提问" ——语文三级提问

● **组织形式：** 学生独立完成

● **难易程度：** ★ ★ ★ ★ ★

活动描述： 在人教版语文五年级下册《月是故乡明》的直播教学中，教师为了让学生深入了解作者的写作意图、文章的中心思想，组织了基于直播平台投票功能的三级提问学习活动。教师先提出了一个根据课文内容易答的事实性问题及相应选项；学生投票后，教师根据学生的投票结果，提出了第二个较为深入的问题；以此类推。根据学生投票的结果，教师层层深入提问，引导学生逐渐提炼出隐含在文章中的中心思想。该活动的组织流程如图7-6所示。

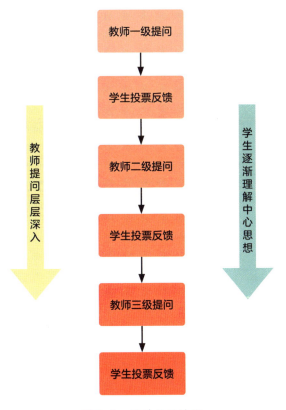

图7-6　活动组织流程

　　《月是故乡明》是散文作品，五年级的学生比较难理解和准确掌握文章的中心思想。直播教学中，教师首先提出的问题是："明明主题是故乡的月亮，但是作者却写了许多童年的趣事，这是多余的吗？"学生根据自己对课文的理解在两个选项中选出一项。投票结果显示，大部分学生都能够理解文章大意，知道作者写的童年故事不是多余的。因此，教师接着提出第二个问题："为什么除了写故乡的月亮，作者还写了这么多其他地方的月亮？"这个问题难度有所加大，需要学生联系课文中的描述和自己的理解做出选择。学生回答的结果显示，选择错误选项的人数增加。这时教师引导学生细读文章相应部分，帮助学生逐渐理解作者写其他地方月亮的意图及文章内涵。此后，教师提出第三个问题："在作者眼中，思念的到底是故乡的什么？"这个问题需要学生综合全文内容，深入提炼出作者思念故乡的关键所在。根据学生的投票情况可以看出，通过教师前两轮的提问和讲解，学生对文章的中心思想有了认识，他们各自做出了问题的选择。教师根据三个问题及学生的回答和学生一起逐步提炼出文章中心思想。教师提问和学生投票的具体情况如图7-7所示。

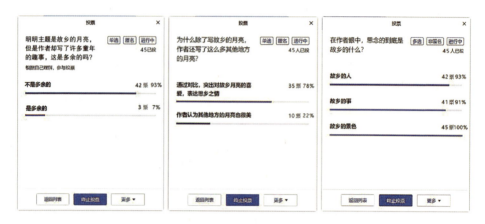

图7-7　教师提问和学生投票回答问题的情况

提升技能：学生通过实时参与投票回答教师的问题，认真阅读和深入思考，提炼出文章的中心思想，培养了阅读分析、文字精细加工和文学赏析的能力。

学习成果：学生对3个问题的回答情况。

学习工具：腾讯会议的投票功能。

评价方式：教师根据学生对问题反馈的速度和准确率进行评价。

持续时间：20分钟内。

第四节
"评星定级"活动

活动设计

● 活动名称：评星定级

● 组织形式：学生独立完成

● 难易程度：★ ★ ★ ★ ★

　　活动描述：在线教学中，为了解每个学生的学习情况，教师需要定时对学生进行考核或布置在线练习等。在一些实践性或应用性较强课程的教学中，教师还需要通过学生提交的作品来考查学生是否掌握了方法和技能。例如，在多媒体教学软件制作这类实操性的在线课程教学中，前期主要讲解制作多媒体教学软件的理论知识，让学生赏析优秀的作品，后期则需要学生自己独立设计和制作多媒体教学软件。教师要对学生的多媒体软件作品逐一评价、给予反馈，并且给出完善和修改的建议；学生收到教师提出的建议后，再根据建议修改自己的作品。在该活动中，教师需要根据作品评价的量规和等级，选出在某些方面有特色的作品，并对这些作品进行分析和评分。

　　该活动的一般流程如下：

教师布置任务 ➔ 学生提交作业 ➔ 教师对作业进行评分并提出建议
　　　　　　　　　　　　　　　　　　　　　　　　➔
　　　　　　　　　　　　　　　　　　　　　　学生修改作业

161

提升技能：学生通过教师的修改建议不断完善自己的作品，培养了学生反思前期作品并进行改进的能力。学生在结合教师意见持续修改作品的过程中，实现了理论知识的迁移应用。

学习成果：学生提交的作品。

学习工具：在线学习平台的作品展示区和交流讨论区等。

评价方式：教师根据学生作品的完成及优化情况进行评价。

持续时间：1天内。

活动案例

● 活动名称："评星定级"——英语学习等级评定

● 组织形式：学生独立完成

● 难易程度：★ ★ ☆ ☆ ☆

活动描述：学生作业的等级评定是教师给学生提供反馈的一种形式。教师本着鼓励表扬的原则，可以选取学生作业在班级中进行展示和评价，起到示例或示范的作用。在九年级英语在线教学中，教师带领学生全面复习了介词的分类和用法。为使学生能够厘清各类介词的使用方法，教师布置了让学生使用思维导图回顾介词使用方法的任务。该活动具体的组织流程如图7-8所示。

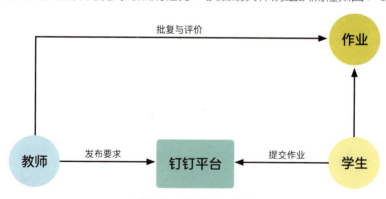

图7-8 活动组织流程

教师在钉钉平台发布了如图7-9所示的作业任务，要求学生根据直播教学的内容，整理出"介词的分类和用法"的思维导图，并提交至平台。

图7-9 教师在钉钉平台发布课后作业任务

学生完成思维导图后，拍照提交至钉钉平台。教师对学生提交的作业进行等级评价并给出评语，如图7-10所示。学生在得到教师的等级评定和反馈后反思自己的作业情况，并通过观摩其他同学的优秀作业，不断修改完善自己的作业。

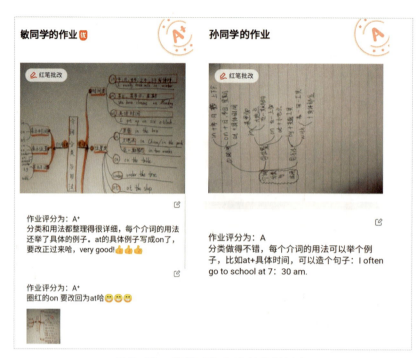

图7-10　教师对作业进行等级评定

提升技能： 教师对学生的作业进行等级评定，用明确和直接的方式给学生提供反馈，既能激发学生学习的内驱力，又能形成良好的集体竞争氛围。

学习成果： 学生提交的作业。

学习工具： 钉钉平台。

评价方式： 教师对学生作业质量进行等级评定。

持续时间： 1天（作业上传至平台的当天完成）。

活动设计

- 活动名称：实时投票
- 组织形式：学生独立完成
- 难易程度：★ ★ ★ ★ ★

活动描述：该活动通常在教师直播教学中进行。教师利用直播平台的投票功能，针对所讲解的教学内容，特别是一些学生容易混淆的知识点，用选择投票的形式让学生选出答案。平台可以记录每个学生的选项，自动统计学生的投票结果；教师根据学生的作答情况进行针对性讲解，并及时做出相应的教学调整。对于选错答案的同学，教师可以进一步让他们说出选择的原因，了解错误发生的原因后用讲解或评述等方式提供反馈。同时，教师也可鼓励学生在直播平台讨论区针对投票内容进行讨论，同步进行文本对话。活动实施中，教学平台可以快速收集学生的投票数据，帮助教师及时了解学生对知识点的掌握情况，以调整和优化教学过程。

该活动的一般流程如下：

教师发起投票 → 学生进行选择 → 教师针对性讲解 → 讨论区讨论

提升技能： 投票活动可吸引学生积极参与课程学习，并启动深度思考。这种活动形式提升了教师与学生即时反馈的准确性和快捷度，可活跃课堂气氛，吸引学生的注意力，促进其进行深度学习。

学习成果： 学生的投票结果。

学习工具： 直播教学平台的投票功能，如腾讯会议的投票功能。

评价方式： 教师根据学生投票选项的正确性进行评价。

持续时间： 5～10分钟。

活动案例

● 活动名称："实时投票"——发起实时投票

● 组织形式：学生独立完成

● 难易程度：★ ★ ☆ ☆ ☆

活动描述： 在网络远程教育课程第六讲"远程教育中的技术应用"直播教学中，教师发起实时投票活动，具体流程如图7-11所示。

1 ● 教师发起投票

2 ● 学生实时投票选择

3 ● 教师查看投票结果并进行针对性讲解

图7-11 活动组织流程

直播教学中，教师讲解了技术对远程教育实施方式与教学方法的影响，远程教育中技术应用与常规教育中技术应用的区别。为了解学生的学习情况，教师用BigBlueButton的投票功能发起了实时投票活动。题目为："你是否认为远程教育中技术的应用和常规教育中技术的应用不同？"选项为"Yes"和"No"。选择的结果为超过93%的学生选择"Yes"，不到7%的学生选择"No"。

通过投票活动，教师了解了学生对远程教育中技术应用与常规教学中技术应用最初始的认识情况。投票结果显示，有两名同学仍认为技术在两种教育形态中的应用是一样的。教师查看投票数据后发现是谢同学和陈同学选择了"No"，于是使用语音提问的方式让两名同学说明选择"No"的原因。两名同学在直播间交流区用文本进行了回答，如图7-12所示。教师再根据两名同学的回应进行讲解和分析，帮助他们解决学习中的疑问。

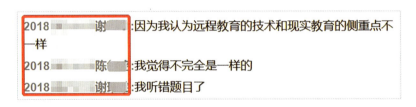

图7-12　两名同学的回答

提升技能： 在直播教学过程中开展实时投票活动，有助于学生集中注意力；全体学生参与的学习活动，可以让每个学生都有机会表达自己的观点并得到反馈，有助于培养学生明确表达观点的能力。

学习成果： 学生的选项。

学习工具： BigBlueButton。

评价方式： 教师对学生投票的正确性进行评价。

持续时间： 5分钟。

活动设计

- 活动名称：轻松一刻
- 组织形式：学生独立完成
- 难易程度：★★☆☆☆

　　活动描述：直播教学中，教师可以预留部分时间，让学生就所学的内容或这次课的学习进行自由交流讨论。活动中，提供反馈信息的主体不限于教师，知道答案或是有想法的学生都可表达自己的观点。该自由讨论时间可以成为学生非正式的课内社交时间。当讨论发生在QQ等软件中，发言者还可以利用QQ的匿名功能隐藏身份发言，学生的表述可能会更真实或直接。学生在自由交流讨论时间里，对个人感兴趣的问题或相关新闻进行提问、交流或评述。这个活动可以帮助教师和同伴了解学生的真实学习体会、兴趣点或感想，促进师生间的相互了解。学生在讨论时也不用考虑评论的内容与学习主题是否相关，但需要注意在评论时遵守网络交流的要求。教师可以建立课程教学QQ群或微信群等，让学生通过扫码的方式加入群里，在直播教学中给出固定的时间让大家交流讨论。

该活动的一般流程如下：

教师发布通知 ➜ 师生限时自由交流

提升技能： 通过自由交流讨论，提高学生的学习积极性，同时还能培养师生间的信任感和团队建设的意识。

学习成果： 学生的发言。

学习工具： 在线学习平台中的交流讨论区，即时聊天软件等。

评价方式： 教师根据学生发言的次数和内容进行评价。

持续时间： 5分钟。

活动案例

● 活动名称："轻松一刻"——闲话聊天室

● 组织形式：学生独立完成

● 难易程度：★★★★★

活动描述： 在初中英语课程教学中，为营造轻松愉悦的学习氛围，教师基于腾讯会议，在课中开展轻松的线上聊天活动，鼓励学生提出疑问、表达对某一事物的看法，教师和同伴进行实时反馈。在直播聊天的活动中，学生可以畅所欲言，不仅能够向教师或同伴提问学习中的困惑，还能对生活中感兴趣的事物进行交流。讨论的形式也是多样化的，学生可视频聊天，也可关闭摄像头通过语音交流，还可在留言区中发布文字、图片或表情符号来表达自己的看法。教师通过活动能够融入学生中，并建立亲密友好的师生关系，也能根据学生的交流内容，了解学生学习、生活的情况，更好地设计和实施教学。该活动的具体组织流程如图7-13所示。

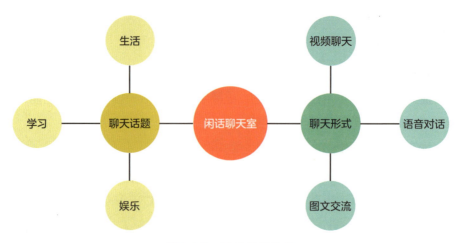

图7-13　活动组织流程

　　如图7-14所示，在正式上课之前，教师在腾讯会议中发起会议，建立起非正式学习的交流环境——"闲话聊天室"。学生在聊天室中各抒己见、自由发言，教师也积极参与讨论。

图7-14　闲话聊天室中师生积极交流

　　除了打开摄像头"面对面"地讨论和语音聊天之外，图文交流也是学生青睐的交流形式。有学生在聊天板块中提出学习中遇到的问题，如vacation和holiday的区别是什么。教师和同伴们都积极对该问题进行及时反馈。具体讨论情况如图7-15所示。

图7-15　师生在聊天板块的讨论情况

提升技能：学生在聊天室中发布困惑的问题、学习的感受或感兴趣的话题，同伴和教师则通过各种交流形式进行实时反馈，解答疑惑、深入交流。这一过程既可以培养学生发现问题、解决问题的能力，又可以营造积极的线上学习氛围，有利于建立学习共同体，促进学生共同进步。

学习成果：学生通过提出问题或发表的回应。

学习工具：腾讯会议。

评价方式：教师根据学生发言的次数及内容进行评价。

持续时间：5分钟。

活动设计

- 活动名称：互评互议
- 组织形式：学生独立完成或小组合作
- 难易程度：★ ★ ★ ★ ★

　　活动描述：该活动由学生通过评议向同伴提供反馈信息，改变了常规反馈和评议由教师提供的情况。在线教学中，这种形式的反馈提高了反馈频度，减轻了教师的工作量，而且用接近学生的话语体系进行反馈，更易为学生所接受。在活动中，学生兼备评价者和被评价者的身份。作为评价者，学生要学会从评价者的角度审视和分析同伴的学习成果，同时引发对自己学习情况的反思。学生在利用分析量规评价同伴的作业或作品时，先要细致和深入地观摩同伴的作业或作品，了解更多同伴的作业或作品，学习同伴思考的角度、创作的思路，吸收其优点，改进自己的作品或作业。作为被评价者，学生可以接收同伴给出的反馈信息，结合自己评价同伴作品或作业过程中的感受来吸收同伴给自己的反馈信息。

　　这一活动的开展需要教师对互评活动的流程进行详细说明，提供评价方法和评分标准，用随机方式分配待评议的作品。学生在参与该活动的过程中应按照教师给出的规则进行客观评价。在该活动中，评价作品本身不是目的，通过评价的过程让学生进行深度思考，才更加有意义。

该活动的一般流程如下：

教师发布评价任务、标准 ➔ 教师随机分配作业 ➔

学生评价同伴作品并提出建议

提升技能：采用同伴互评的方式，学生的作业可以得到及时的反馈；通过评价他人的作业或作品，学生可以加深对知识的理解，提升知识综合应用能力和辨析反思能力。

学习成果：学生对同伴的作业或作品进行的评定和评语。

学习工具：在线学习平台同伴互评功能或作业提交功能。

评价方式：教师根据学生对其他同学作品评价的完成度及合理性进行评价。

持续时间：1周内。

活动案例

● 活动名称："互评互议"——同伴作品互评

● 组织形式：小组合作

● 难易程度：★ ★ ★ ★ ★

活动描述：在网络远程教育课程的在线教学中，实践三要求学生对各小组提交的学习资源设计方案进行组间互评。该活动组织流程如图7-16所示。

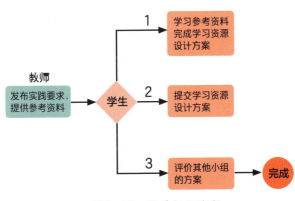

图7-16 活动组织流程

教师在砺儒云课堂发布互评活动，要求学生对其他小组完成的初中信息技术课程学习资源设计方案进行评价，如图7-17所示。

图7-17　教师发布任务

教师随机分配小组作品，学生对分配到的作品，根据教师提供的评分标准进行评议，给出评价分数并写出评语，如图7-18所示。

提升技能：通过评价同伴的作品，学会借鉴，提高分析能力；通过别人的反馈，发现自己作业的不足，促进反思能力的提升。

学习成果：小组对其他小组的作业或作品的评分或评语。

学习工具：砺儒云课堂的同伴互评功能。

评价方式：小组之间的作业互评。

持续时间：1周内。

图7-18　学生评价同伴作品

第八章
重组策略

新知识和原有认知有较大的差异与矛盾时，必须将原有知识进行结构调整和改变，通过顺应学习才能接纳新知识，解决认知矛盾，实现由原有的前概念向新的科学概念转变。

——皮亚杰

第一节
重组策略的原理

1. 重组策略

重组策略是重组迁移策略的简单说法。重组性迁移指重新组合原有认知系统中某些构成要素或成分，调整各成分间的关系或建立新的联系，从而应用于新情境。这是从一个原有平衡向一个更高平衡跨越的过程，其中会发生认知冲突、认知结构的调整等，对知识和技能的重新组合，能产生出新的知识和技能。例如，把蜂鸣器和水壶组合在一起，可以成为新产品——蜂鸣器报警水壶；把眼镜片放入眼睛中，形成新产品——隐形眼镜。重组迁移不仅扩大了基本经验的适用范围，还包含有创造性的活动。

学生的思维有时候会受到原有知识和认知结构的影响形成思维定式，因此容易引起认知冲突。教学中，对认知冲突要进行合理的处理，引发概念的转变，促进有意义的学习。如果新知识和旧知识之间存在着一定的矛盾冲突，难以直接将原有的认知经验应用到其中，或形成包容新旧知识的高一级认知结构，就需要对学生的认知系统进行改造、调整，并重新建立关联。为此，教师可根据学生的原有经验，深入挖掘，通过对这些经验的改造重组，使新旧知识之间建立关联，实现认知结构的发展。重组性迁移过程中，深度学习得以发生。

学生并不是空着脑袋开始学习的，他们积累了一定的生活经历、知识和实践经验，但是可能无法较好地将已有经验和新知识有效关联，因此教师可通过设计活动，借助经验的重组，帮助学生实现对新知识的应用。在知识内化过程中，学生间或师生间可以充分交换各自对学习内容的不同看法。例如，在初学能量守恒定律时，学生以已有的生活经验和知识很难接受能量是守恒的。当他们用已学习过的能量转换知识等分析日常生活中的一些现象，如给汽车加油汽车才能行驶、天冷搓手产生热感等，他们才能慢慢明确能量守恒的存在。在应用知识、联系已有经验、让新旧知识形成联系的过程中，学生通常会对自己先前已有的经验和知识产生怀疑并自我反省，形成的联系不再是由外部强化形成的固化结构，而是产生于学生内部、可灵活应用于新场景中的动态结构，这样的学习成效更长远。

2. 体现重组策略的6种在线学习活动

结合重组策略的特点，本书梳理了6种能够体现该策略的在线学习活动。

"**知识接力**"活动要求学生在已有的学习基础之上，持续分享或表述自己对新知识的认知和理解，帮助学生对新旧知识的重构和知识迁移。

"**打破常规**"活动让学生的思维不再局限于已有经验的束缚，实现对新事物的重新认识。

"**完美组合**"活动让学生对不同的知识点进行组合，调整各成分间的关系或建立新的联系，最终通过重组获得新的知识。

"**最靓文字云**"活动让学生利用词云图工具为每个章节的学习内容创建关键词词云图，以此提炼核心概念、规则及原理。

"**观点荟萃**"活动要求学生对某次讨论、头脑风暴等活动的全部内容或观点进行总结，在梳理观点的过程中形成新的认识。

"**课后五分钟**"活动主要是让学生对自己的学习进行反思，让学生对自己的认知结构进行可视化整理，从而帮助学生形成新旧知识的联系。

3.6种在线学习活动的逻辑关系

重组策略下的6种在线学习活动旨在帮助学生结合已有知识或经验进行观点的重构、建立概念的关联、实现认知结构的调整等，在活动过程中实现深度学习。6种在线学习活动各有侧重点，例如"知识接力""完美组合"和"打破常规"3种活动多用于直播课中，帮助学生对新旧知识的理解和关联应用，促进学生对新旧知识的整合。"观点荟萃""最靓文字云"和"课后五分钟"活动则在异步学习中，让学生运用所学知识，联系已有经验对相关材料进行分析梳理，实现新情境中的知识迁移应用，并促进新认识、新联系和新方法的形成。6种在线学习活动之间的逻辑关系如图8-1所示。

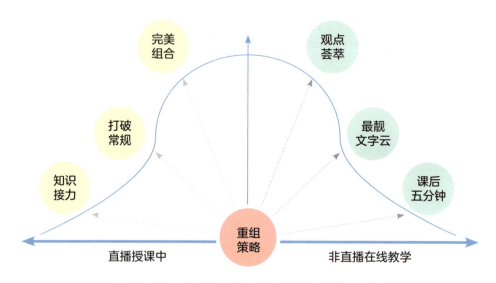

图8-1 重组策略下6种在线学习活动的逻辑关系

活动设计

- 活动名称：知识接力
- 组织形式：学生独立完成
- 难易程度：★★★★★

　　活动描述："知识接力"活动由教师在直播教学中发起。学生根据教师提出的问题，持续思考、相互补充，接力提出解答问题的思路和方法，共同解答问题或回应问题。教师提出能够连接新旧知识的问题，以此作为引发学生深入学习的桥梁，鼓励并引导学生运用已有知识或经验对新知识内容进行辨析、推理和演绎等，持续加深他们对新知识的深入理解和灵活应用。该活动是否能达到吸引学生投入学习的关键点是教师提出的问题能否引发学生的学习兴趣，并能支持学生应用新旧知识进行深入探究。教师提出的问题在活动过程中起到提纲挈领的作用，能够引导学生调动以往的知识和经验来回答，实现旧知识的重构与新知识的产生。因此，在活动开始前，教师需要设计好问题。学习活动中，教师也要注意引导学生利用知识，围绕问题的回应进行推理或分析。例如，通过总结已学知识点的特点或共性，进而推断新知识的内容。学生将自己对问题的回应发布至平台的公共讨论区当中后，教师根据学生的回答情况，进行总结归纳，帮助学生深入理解。

该活动的一般流程为：

教师准备问题 → 学生分析问题 → 学生持续回应 → 师生概括总结

提升技能： 学生对问题的持续回应、思考与探究，有利于提升探究能力和综合联想的思维能力。

学习成果： 学生对问题的回应。

学习工具： 在线学习平台或直播平台。

评价方式： 教师对学生回答问题的积极性以及关联新旧知识的情况进行评价。

持续时间： 5~10分钟。

活动案例

活动名称： "知识接力"——正方形的性质

组织形式： 学生独立完成

难易程度： ★★★★★

活动描述： 本案例选自人教版数学八年级下册"正方形的性质与判定"的直播教学。在学习正方形的性质与判定之前，学生已经学习了平行四边形、菱形和矩形等图形的性质。为了促使学生将新旧知识联系起来，教师在讲解正方形的定义之后，让学生用接力的方式写出平行四边形、菱形、矩形要满足什么样的条件才能变为正方形。学生回忆所学过的这些几何图形与正方形的差异，根据自己的理解提出某一图形变成正方形需要进行改变的条件。学生把自己的想法发表在直播平台上，然后师生一起总结出正方形的性质。该活动的组织流程如图8-2所示。

图8-2　活动组织流程

　　教师发出的问题如图8-3所示，让学生思考平行四边形、菱形和矩形需要添加什么条件才能成为正方形，提炼出正方形的特殊性。

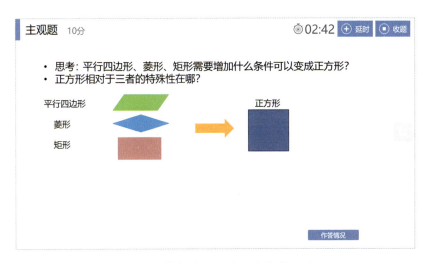

图8-3　教师在雨课堂平台发布活动

　　学生学习了正方形的概念，他们经过联系所学过的其他几何图形性质，就图形变成正方形可添加的条件提出自己的看法。看到别的同学提出的添加条件后，学生可以在这些条件之上再补充其他条件，学生持续把自己的调整条件内容发布在教学平台中，如图8-4所示。教师结合学生的回答进一步强化正方形的性质和特点，经过新旧知识的整合和联系，帮助学生更好地理解正方形的性质和特点。

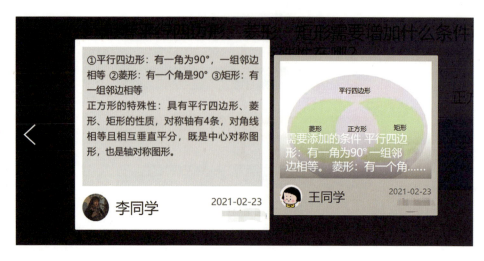

来得四边形、菱形、矩形需要增加什么条件

①平行四边形：有一角为90°，一组邻边相等 ②菱形：有一个角是90° ③矩形：有一组邻边相等

正方形的特殊性：具有平行四边形、菱形、矩形的性质，对称轴有4条，对角线相等且相互垂直平分，既是中心对称图形，也是轴对称图形。

李同学　2021-02-23

平行四边形

菱形　正方形　矩形

需要添加的条件 平行四边形：有一角为90° 一组邻边相等。 菱形：有一个角……

王同学　2021-02-23

图 8-4　学生发布的答案

提升技能：此活动让学生联系已学知识并应用新知识来建立各种几何图形性质间的联系，培养了学生通过认识事物的共性与个性，实现知识的迁移重构，提升学生知识整合的能力。

学习成果：学生对提出问题的持续回应。

学习工具：雨课堂交流讨论区。

评价方式：教师根据学生回应问题的积极性和对比及关联新旧知识的情况进行评价。

持续时间：8~10分钟。

活动设计

- 活动名称：打破常规
- 组织形式：学生独立完成
- 难易程度：★ ★ ★ ★ ★

活动描述：学生在学习中会因为受生活经验和一些表面现象的影响，出现思维定式，容易造成理解的偏差，因此教师需要了解学生是否存在经验主义。学习过程中，学生出现错解、误答的情况是正常的，重要的是及时找出原因，纠正错误。在活动设计中，教师可以从学生的学习或生活经验出发，设计存在干扰因素的观点、论述或事例等，帮助学生调动以往的知识经验和现有的知识来学习。学习中，学生有可能被描述的内容迷惑，然后跳进陷阱并出现错误，这时教师通过分析和讲解，帮学生认识到自己经验的片面性或对知识理解存在的误区。例如，教师通过在选择题中设计一些干扰性强的选项，锻炼学生通过辨析在独立思考中完成旧知识的重构与新知识的形成。活动中，教师需要明确知识点与干扰性经验的分界线，确保在纠正学生的经验错误时，给学生清晰的解释。

该活动的一般流程为：

教师设计干扰性问题或选项 → 学生选择 → 分析评判

提升技能：该活动有助于学生打破思维定式，让学生经过试错、纠正和调整的循环，重构自己的知识结构，有助于培养学生判断和分析问题的能力。

学习成果：学生对问题的理解与解答。

学习工具：在线学习平台、在线答题工具、直播教学平台的投票功能等。

评价方式：教师根据学生做题的正确率进行评价。

持续时间：8~10分钟。

活动案例

● 活动名称："打破常规"——《桃花源记》中的古今异义字词辨析

● 组织形式：学生独立完成

● 难易程度：★★☆☆☆

活动描述：本案例选自人教版语文八年级下册《桃花源记》的在线教学。文言文中，古今异义的字词经常出现，这也是文言文教学的难点。通常学生会根据生活经验用现代语言中字词的含义来理解文言文中的词汇，结果导致对文章理解出现偏差。为帮助学生正确理解课文中字词的含义，教师利用雨课堂单选题功能呈现古今异义字词的多种含义，让学生选出自己对课文中该字词的理解。基于对某个词语古今异义选项的直观对比和学生试错情况的分析，教师再次讲解其含义，帮助学生打破原有思维定式。该活动设计流程如图8-5所示。

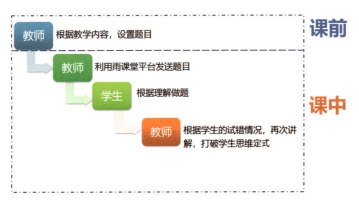

图8-5 活动组织流程

　　教师在课前根据《桃花源记》中古今异义字词的含义设定辨析选项，并在雨课堂教学平台中制作成单选题。教师讲解课文中遇到古今异义字词时，给学生发送在线选择题，题项设置如图8-6所示。

图8-6 教师在线发布古今异义字词相关选择题

　　学生看到各选项后，根据自己的认识和理解做出选择并提交答案。教师根据应答情况，对比该字词的现代含义进行评讲，学会结合具体的语境理解字词的含义，也让学生学会打破思维定式，不直接套用字词的现代含义。在讲到第二个古今异义词时，教师继续进行相同活动，如图8-7所示。第二次活动中，学生学会注意不直接套用字词的现代含义，而是根据文言文中的语境来思考含义。他们选择的结果显示他们跳出了现代词义的"陷阱"，及时避开认识的偏差，字词含义理解的正确率明显提高。

图8-7　学生参与两次在线作答答题情况对比

提升技能：帮助学生形成打破思维定式、根据语境正确理解字词的能力。

学习成果：对古今异义字词的理解。

学习工具：雨课堂在线学习平台的练习功能或投票功能。

评价方式：教师根据学生古今异义字词含义选项的正确率进行评价。

持续时间：5分钟。

活动设计

● 活动名称：完美组合

● 组织形式：学生独立完成

● 难易程度：★★★★★

活动描述：基于学生的学习基础，教师可将学习内容拆分为可组合学习或应用的小知识点，让学生利用学习资源对细分的新知识点进行学习，并在应用中逐步形成知识的整合。教师设计活动时，首先需要合理地将学习内容拆分为颗粒度较小的、相互联系的知识点；学生通过教师给出的活动任务灵活进行知识点的组合应用，建立知识的联系，形成一个作品或有创意的观点。例如，英语教学中，让学生用强调句、定语从句代替肯定句写出优美的句子；化学教学中，让学生用化学还原反应探索灭火原理等。活动中，学生的想法可能并不符合客观事实或者不具备较强的逻辑，教师应给学生建议，引导他们调整知识的应用进行知识组合，最终实现知识的重组迁移应用。

该活动的一般流程为：

教师拆分知识点 → 学生分析并整合应用知识 → 教师评价

提升技能： 此活动给学生提供了利用知识进行自由发挥创作的机会，有利于学生创新能力的发展，提高学生知识迁移的能力。

学习成果： 学生整合知识形成新的方法、运用知识点创作新的作品。

学习工具： 在线学习平台、在线协作工具、移动学习设备等。

评价方式： 根据学生整合应用知识后提交的作品或者观点的创新性进行教师评价或学生互评。

持续时间： 10~15分钟。

活动案例

● 活动名称："完美组合"——离子的检验

● 组织形式：学生独立完成

● 难易程度：★★☆☆☆

活动描述： 本案例选自人教版高中化学必修1 "离子的检验" 在线教学。学生在初中阶段已经学习了部分离子检验的方法，有一定的知识储备，他们在高中阶段要学习的离子更多而且复杂。教师设计活动让学生借助已有的学习经验，结合学习的新知识，重新构建离子检验的方法，并选择合适的方法检验新的离子。该活动组织流程如图8-8所示。

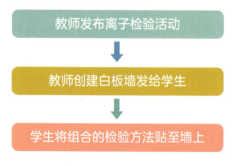

图8-8　活动组织流程

教师利用Padlet在线互动平台组织学生进行离子检验活动，要求学生根据离子的性质，选择不同的试剂进行检验。学生可组合使用多种检验方法，但需描述检验发生的现象。教师利用Padlet在线互动平台创建白板墙，把链接发给学生，学生把自己的检验方法贴在Padlet白板墙上。活动要求如图8-9所示。

图8-9　教师发布离子检验活动要求

学生根据离子的性质和与不同试剂反应发生的现象，自由组合离子和试剂，形成自己的检验方案，并把组合结果贴在Padlet白板墙上。在制订方案的过程中，学生可以同步看到其他同学组合检验方法的形成过程，了解他人的分析视角，及时修正和完善自己的方案，达到了知识重组的目标。学生发布结果如图8-10所示。

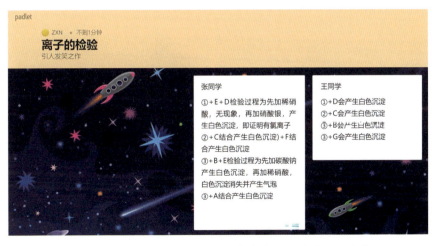

图8-10　学生在Padlet白板墙发布离子检验的组合方式

提升技能：该活动让学生重新认识离子检验的本质，在选择检验离子试剂时，提升了判断和分析能力，加深了学生对离子检验的认识。

学习成果：学生提出的不同离子检验方案。

学习工具：Padlet、在线学习平台。

评价方式：师生共评所选择的试剂是否能检验出离子。

持续时间：10分钟。

第五节
"最靓文字云" 活动

活动设计

- 活动名称：最靓文字云
- 组织形式：学生独立完成
- 难易程度：★ ★ ★ ★ ★

活动描述：学生对学习内容进行归纳总结，提炼出核心概念、主要内容、关键原理或方法，这种方式是他们整理所学知识、丰富和调整认知结构的具体体现。通常学生可以通过形成提纲、主要内容摘抄等方式进行归纳总结，在线学习中学生可以借助一些软件工具用更直观的方式进行归纳，如生成词云图、绘制脑图等。活动中，教师需要明确总结归纳的内容范围，为学生提供几种词云图绘制工具，将工具简单的操作步骤发给学生参考。学生根据学习材料和笔记，整理出核心概念、原理和方法，以及它们出现的次数或重要程度，使用软件工具生成词云图并提交到教学平台中。根据教学需要，教师可决定是否让学生在直播教学过程中讲解自己的词云图，并对学生的词云图内容及展示情况进行评分。

该活动的一般流程为：

确定内容 → 整理学习内容 → 绘制和分享词云图

提升技能： 该活动可以提升学生对知识的梳理能力和综合所学知识抽取核心概念的能力。

学习成果： 词云图。

学习工具： 词云图生成软件。

评价方式： 师生共评学生提炼出词汇的准确性与词云图的美观性。

持续时间： 1周内。

活动案例

● **活动名称：** "最靓文字云" ——寻找关键词

● **组织形式：** 学生独立完成

● **难易程度：** ★★★★★

活动描述： 在网络远程教育课程第五讲"远程教育系统类型"在线教学中，教师要求学生查找介绍英国开放大学或美国凤凰城大学远程教育办学及管理的文献，提取文章中的关键词及出现频度，绘制热点词词云图。该活动组织流程如图8-11所示。

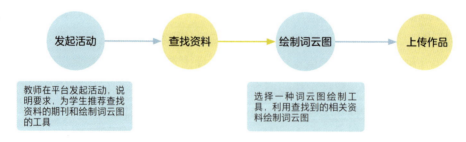

图8-11　活动组织流程

教师于在线学习平台发起活动，说明活动要求并为学生推荐查找资料的期刊和绘制词云图的工具，如图8-12所示。

词云图绘制

围绕远程教育机构系统的构成和作用，请同学们收集英国开放大学（自治的远程教育机构）**或**美国凤凰城大学（常规院校中的远程教育机构）的相关资料（资料来源包括但不限于官方网站、教育技术核心期刊、硕博士论文、相关新闻等），然后对所收集到的资料利用词云工具进行分析，**绘制出研究热点词云图**，并配以200字左右的简短介绍（包括但不限于内容来源，词云解析等）。

教育技术核心期刊：《电化教育研究》《开放教育研究》《中国电化教育》《远程教育杂志》《现代教育技术》《现代远距离教育》《现代远程教育研究》《中国远程教育》等。

推荐词云工具： BlueMC、图悦、Timdream 等。

`添加一个新话题`

话题	发起人	最新帖子	回帖 ▾ ✓	订阅
☆ 词云图绘制			15	☐ ⋯

图8-12　教师发起活动

　　学生查找到资料后，阅读材料、总结出资料中的关键词并记录其出现的频度，利用词云生成工具绘制词云图并发表至讨论区，如图8-13所示。

图8-13　学生词云图作品

　　提升技能：通过该活动，学生以远程教育机构系统构成的知识为基础，深度加工收集到的文献材料，整理出关于两所远程教育机构办学和管理的关键词，有助于培养学生的信息精加工能力和知识迁移应用能力。

　　学习成果：关键词词云图。

　　学习工具： BlueMC、图悦、Timdream 等词云图绘制工具。

　　评价方式：对学生提炼出的词汇的准确性与词云图的美观性进行教师评价或学生互评。

　　持续时间： 1周内。

活动设计

- 活动名称：观点荟萃
- 组织形式：小组合作
- 难易程度：★ ★ ★ ★ ★

活动描述：常规的主题讨论活动中，学生发表观点后通常很少关注和回顾同伴的帖子，更不会花时间去梳理总结其中的核心观点和关键概念等，难以引发深入的思考。为了改变在线学习中学生缺少对观点进行回顾总结并从中建构自己认知的情况，教师要引导学生学会借助对观点进行提炼的过程，对知识进行梳理和提升，实现认知结构的重组和发展。教师选定已结束的在线讨论全过程内容，要求每个学生对讨论的内容进行分析和梳理，总结出讨论中的主要观点和结论，并针对赞同或反对的观点进行阐述，列出对自己最有启发的讨论内容。活动要求每个学生提交一份观点汇总文档，该文档要记录学生回顾、整理和反思的过程。

该活动的一般流程如下：

教师选定整理内容 ➡ 学生分析讨论内容 ➡ 学生归纳讨论内容的观点

提升技能：该活动可锻炼学生的归纳总结能力，通过标记、分类和归纳讨论的内容，明确学生提出的多元化理解或认识。活动的整个过程有助于提升学生的归纳能力和利用他人观点发展认识的能力。

学习成果： 对讨论内容进行分析和总结，形成文档。

学习工具： 文字编辑工具、概念图制作工具或协同写作工具等。

评价方式： 从学生对观点分析的全面性以及观点提炼的客观性角度进行教师评价或学生互评。

持续时间： 3~5 天。

活动案例

● **活动名称：** "观点荟萃" ——"21世纪的学习环境特点"小组讨论

● **组织形式：** 小组合作

● **难易程度：** ★★★★★

活动描述： 在教学媒体的理论与实践课程第四单元"21世纪的学习环境"的在线教学中，教师发布了以"21世纪的学习环境特点"为主题的小组讨论活动，要求每组选出一名负责人，记录同伴和自己围绕主题发表的观点。在讨论结束后，小组根据讨论的记录整理形成一份具有小组代表性的观点总结并发布至讨论区。该活动组织流程如图8-14所示。

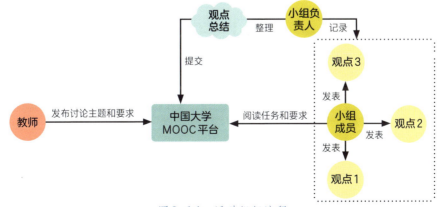

图 8-14　活 动 组 织 流 程

教师在课堂上发布了如图8-15所示的小组讨论任务，并要求在活动中各小组选出一名负责人记录每个组员发表的观点，最后归纳整理出小组总结。

图8-15 教师在教学平台中发布活动任务

讨论过程中，小组负责人使用关键词记录组员的观点，最后整理成词云图或思维导图上传至平台的讨论区，如图8-16所示。该活动的目的不仅在于让学生把自己的想法表达出来，更重要的是在整理和组合讨论内容的过程，对多样化的观点进行归纳总结，并从中形成较为一致的认识和理解。

图8-16 用词云图和思维导图总结观点

提升技能：以小组为单位协作完成任务，提升学生的团队合作、沟通和表达能力。小组成员在讨论和观点提炼过程中，实现了对知识的重新梳理及概念和观点的重构，有助于学生批判性思维的发展。

学习成果：分析、讨论与总结的文档。

学习工具：中国大学MOOC平台、在线学习平台、XMind思维导图工具、易词云等词云图制作工具等。

评价方式：从小组对观点分析的全面性和提炼的客观性进行教师评价或小组互评。

持续时间：3天。

活动设计

- 活动名称：课后五分钟
- 组织形式：学生独立完成
- 难易程度：★ ★ ☆ ☆ ☆

活动描述：该活动让学生在直播教学或观看录播课后，利用5分钟时间，快速整理学习的内容和过程，反思学习过程中存在的问题，梳理知识体系，进行知识结构的调整。学生自我总结可以通过多种方式开展，教师可以为学生提供一个自我反馈表，要求学生回顾所学内容及其联系、评估自己的学习情况、发现学习中的问题等。例如，在学习完每个章节后，教师请学生根据以下问题整理学习内容和学习情况。

（1）通过本次学习，你学到了什么？请用思维导图的形式表述出来。

（2）你对××概念的理解是怎么样的？如果请你讲给别人听，你会怎么表达？

（3）你认为本次学习你在哪些方面还存在欠缺？

该活动的一般流程为：

提供自我反馈表 → 学生进行回顾 → 教师查看学生情况

提升技能：提升学生通过自我对话不断回顾思考和总结知识要点的能力、反思的能力。

学习成果：自我反馈表或关于学习反思总结的文档。

学习工具：自我反馈表模板、在线学习平台或课程的学习群。

评价方式：教师根据学生的自我反馈表进行评价。

持续时间：5~10分钟。

活动案例

● 活动名称："课后五分钟"——五分钟写作

● 组织形式：学生独立完成

● 难易程度：★ ★ ★ ★ ★

活动描述：在教学媒体的理论与实践课程的在线教学中，教师在每周的学习单元中创建个人课后学习总结活动，鼓励学生对自己的学习进行反思和总结。学生在完成每个单元的学习后，需要对所学的知识和自己的学习情况进行归纳和反思，包括学了什么、学到了什么以及还想学什么。该活动组织流程如图8-17所示。

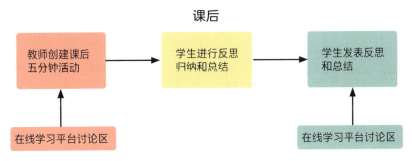

图8-17 活动组织流程

教师在中国大学MOOC平台发布了如图8-18所示的学习活动，要求学生进行单元学习总结。

图8-18　教师发布单元学习总结活动任务

学生在完成单元内容的学习后，根据自己的学习情况进行总结，如图8-19所示。

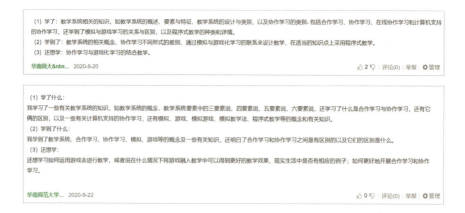

图8-19　学生发布个人单元学习总结

提升技能：通过快速回顾和梳理所学内容和学习情况，学生可以形成及时整理学习内容的习惯，促进认知结构的发展和知识联系的形成。

学习成果：学生发表的单元学习总结。

学习工具：中国大学MOOC平台的讨论区。

评价方式：教师根据学生对单元学习内容归纳的准确性和对学习情况分析的适当性进行评价。

持续时间：5～10分钟。

第九章
拓展策略

与其把学生当作天津鸭儿填入一些零碎知识，不如给他们几把钥匙，使他们可以自动地去开发文化金库和宇宙之宝藏。

——陶行知

第一节
拓展策略的原理

1. 拓展策略

教学过程中，学习内容、学习形式、学习方法的扩容增加和优化发展，可促进学习更深入和融合。在立德树人教育总目标的指引下，基础教育的课程改革、高等教学一流课程与一流专业的建设以及教育评价的改革都指向学生关键能力的培养和提升，因此教育教学中应更注重多学科知识的融合，学校学习内容与社会生活的联结，书本知识与实践应用的连接。拓展学习对学生发展尤为重要，它强调学习内容不应拘泥于常规的书本教材，而是向社会学习，向网络拓展，使学习内容在更广阔的背景下获得多方位的充实和增加。拓展学习将帮助学生更好地适应社会发展的趋势，也能跟进学科内容的新发展。从学习形式上讲，拓展学习具有开放性，到社会中去，到生活中去，让学生从已有的生活经验出发，广泛利用网络资源融合多学科知识，在应用中发展。从学习方法上讲，拓展学习让学生拥有更大的自主权和决定权。学生可以选择学习方式，例如，是利用实验的方法进行验证，还是做实践操作等。在拓展学习中，学生更可以尝试多种学习方式，优化学习策略，充实学习方法，最终拓宽知识面，提高知识综合应用能力，促进身心素质的全面发展。

适度拓展是对学习内容的二次开发，也是对教学的系统设计。拓展可以从背景拓展、主题拓展、场景拓展、内容延展、方法拓展等方面进行。在线教学中，基于拓展策略设计的在线学习活动可以促进学生思维、方法和知识等多方面的发展，是帮助学生提升能力、增长智慧的重要方式。在线教学活动发生在信息资源丰富和开放的互联网虚拟空间中，教师作为学习的引导者和支持者，可以便利地利用网络资源为学生的学习拓展提供支持和机会。例如，教师可以让学生查找网络资源，围绕主题开展需要运用多课程或多学科知识的应用活动，在课程、学科知识的整合应用中形成自己对知识内涵和相互联系的领悟，拓展自己的知识体系。应用拓展策略组织学习活动的过程中，教师既要注意拓展适时、适宜和适度，又要紧密围绕教学目标考虑学生实际学习水平和兴趣的对接。

2. 体现拓展策略的6种在线学习活动

结合拓展策略的特点，本书梳理了6种能够体现该策略的在线学习活动。

"**实时探索**"和"**身临其境**"活动围绕课程内容体系，让学生通过对书本外资源的探索进行新知识的学习，拓展学生的知识面。

"**同上一堂课**"活动让学生利用同步课堂参加线上直播的优质教学，利用优质师资和教学过程丰富学习内容和学习方式。

"**思维无极限**"活动是让学生打破对知识的常规认知，提出新的观点。

"**百变大咖秀**"活动让学生尝试从不同角度审视和利用所学知识，从而学会多角度思考问题。

"**知识竞赛**"活动采取趣味性的知识竞赛帮助学生学习知识。通过竞赛，学生可以更加深刻理解知识的灵活运用，从而达成深度学习的目的。

3. 6种在线学习活动的逻辑关系

拓展策略下的在线学习活动让学生有机会利用不同的互联网资源，采取多样化的学习方式拓宽知识面，深入学习。拓展活动的目的是帮助学生更好地学习，而不是带来更多的学习任务、认知负荷，因此一种活动通常不可能在学习内容、方式、场景上都全面拓展。这6种在线学习活动分别侧重学习内容、学习方式或学习场景的拓展，如"实时探索""身临其境"和"同上一堂课"活动侧重于学习内容的拓展；"百变大咖秀"和"知识竞赛"活动侧重于学习方式的拓展；"思维无极限"活动侧重于学习思维的拓展，其通过开放性问题的设置，进行思维拓展的训练，促进学生思维发散，形成创新性想法。拓展策略下6种在线学习活动的逻辑关系如图9-1所示。

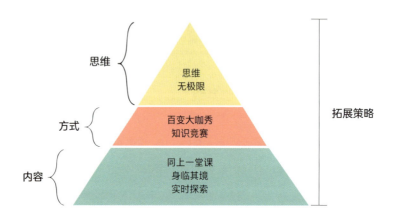

图9-1 拓展策略下6种在线学习活动的逻辑关系

活动设计

- 活动名称：实时探索
- 组织形式：学生独立完成
- 难易程度：★ ☆ ☆ ☆ ☆

活动描述：知识日新月异的时代，让学生探索与学习内容相关的最新在线资源，如网页、公众号中的文章，微博中的博文及评述、文献等内容，也是一种促进多样性、新颖性，实现学习内容拓展的方法。在直播教学中，教师可以让学生即时上网查找和所讲内容相关的网络资源。与简单的查找资源后进行分享的在线学习活动不同，拓展学习中的实时资源查找更注重在已学知识广度或深度上的拓展。因此学生是否找到与所学内容有关的资源不再是目标，而是活动的基础，更重要的是，所找到的资源是否能支持学生产生有意义的观点发展，拓展认识或开阔视野。在活动中，教师应向学生明确拓展探索信息的要求或建议，如要查找所学某一理论研究的最新进展，在某个概念的发展等。学生在学习活动中需要对自己查找的内容与所学内容的关联进行说明，以明确自己从这些资源中拓展了哪些新信息、新观点或新方法。在线直播教学中，有指向的探索才能确保学生有效利用时间完成学习活动，但如有需要，还可以将该活动拓展到直播教学结束后的一定时间内。在学生陆续发布他们找到的资源链接和分析内容后，教师可引导学生查阅浏览次数最多、争论最多或者共享次数最多的资料、公众号和网站，让学生通过这些渠道了解获取最新资源，持续扩展课程内所学的知识，获取更多来源的信息和资料。

该活动的一般流程如下：

教师明确探索要求 → 学生查找资源并评述 → 资源不断更新汇集

提升技能：通过该活动，学生搜索资源的能力会得到提升，学习资源会得到拓展。学生将课程内容与最新动态联系起来，有助发现新趋势。

学习成果：学生查找的资源。

学习工具：学习平台、搜索引擎、公众号等。

评价方式：教师根据学生所找资源与探索要求的契合度、数量及与学习内容的相关度等进行评价。

持续时间：1课时内。

活动案例

- 活动名称："实时探索"——动态内容探索
- 组织形式：学生独立完成
- 难易程度：★ ★ ★ ★ ★

活动描述：在网络远程教育课程第一讲"远程教育的发展和未来"直播教学中，教师讲到现代远程教育试点项目时，让学生实时查找当时批准开展试点的高校名单，并明确试点高校数量。该活动组织流程如图9-2所示。

学生分别查找网上资源后，呈现两种结果：有的学生查到的资料说明有67所试点高校，有的

图9-2 活动组织流程

资料列出了68所。为此，教师请学生对比两种资料，找出问题所在。学生对比两种资料后发现了问题所在，即资料的试点高校名单中是否加入“中央广播电视大学”，如图9-3所示。结合教师的讲解，学生对现代远程教育试点的范围、目的和实施情况有了更全面的认识。

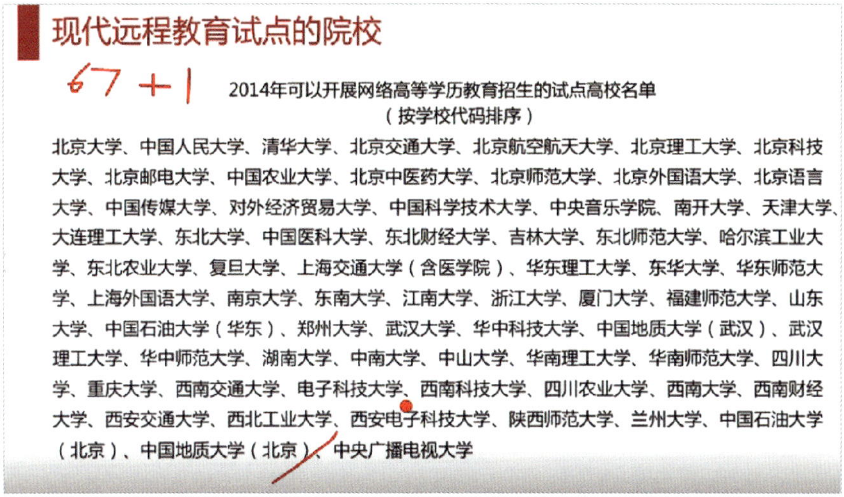
现代远程教育试点的院校

67 +1

2014年可以开展网络高等学历教育招生的试点高校名单
（按学校代码排序）

北京大学、中国人民大学、清华大学、北京交通大学、北京航空航天大学、北京理工大学、北京科技大学、北京邮电大学、中国农业大学、北京中医药大学、北京师范大学、北京外国语大学、北京语言大学、中国传媒大学、对外经济贸易大学、中国科学技术大学、中央音乐学院、南开大学、天津大学、大连理工大学、东北大学、中国医科大学、东北财经大学、吉林大学、东北师范大学、哈尔滨工业大学、东北农业大学、复旦大学、上海交通大学（含医学院）、华东理工大学、东华大学、华东师范大学、上海外国语大学、南京大学、东南大学、江南大学、浙江大学、厦门大学、福建师范大学、山东大学、中国石油大学（华东）、郑州大学、武汉大学、华中科技大学、中国地质大学（武汉）、武汉理工大学、华中师范大学、湖南大学、中南大学、中山大学、华南理工大学、华南师范大学、四川大学、重庆大学、西南交通大学、电子科技大学、西南科技大学、四川农业大学、西南大学、西南财经大学、西安交通大学、西北工业大学、西安电子科技大学、陕西师范大学、兰州大学、中国石油大学（北京）、中国地质大学（北京）、中央广播电视大学

图9-3　学生查找的现代远程教育试点院校名单

提升技能：通过自己查找并比较现代远程教育试点高校名单，学生对参与此项目的高校类型及数量有了正确的认识，加深学生对现代远程教育试点院校的了解，提升他们对所获网络信息的比较辨析能力。

学习成果：查找到的现代远程教育试点高校名单。

学习工具：砺儒云课堂平台讨论区、百度等搜索工具。

评价方式：教师根据学生查找信息的准确性进行即时点评。

持续时间：5分钟。

第三节
"同上一堂课"活动

活动设计

● 活动名称：同上一堂课

● 组织形式：学生独立完成

● 难易程度：★★★★★

活动描述： 基于网络和直播系统，学校内或学校间为共享优质教师资源，可采用同步课堂组织在线教学。同步课堂教学中，主场教师在教学现场进行教学时，利用直播教学平台或视频会议系统同时对远程学生进行线上教学。同步课堂中，线下和线上的教师同时进行教学，学生也同时参与学习活动。线上的学生通过实时在线教学能接触不同风格和方式的教师和教学，利用网络与远端线下教学现场的同学进行实时交流和互动，拓展了学习内容和学习方式。线下和线上的学生在利用视频会议实时沟通交流和互动的过程中，可以融合不同区域的文化和不同学校的教学方法，拓宽自身的文化视野和学习途径。通过教学互动平台来分享观点可以增强不同班级或学校中学生之间的深入交流，增加观点的多样性。该活动中，多位教师以及来自不同学校或班级的学生共同教与学，能让学生共享多位教师的智慧。在互动同步教学结束后，教师要通过学生的学习表现、作业成绩等检验学习效果。

该活动的一般流程如下：

主场教师组织教学 → 主场线下和分场线上学生共同学习
            → 分场教师指导分场学生

提升技能： 学生通过参与不同教师、不同风格和不同方式的教学，与更多区域的学生一起学习，既可以丰富自身的学习经验，也可以提升交流沟通能力。

学习成果： 学生作业及课堂表现。
学习工具： 互动教学平台、视频会议系统。
评价方式： 教师对学生的课堂表现及作业进行评价。
持续时间： 1课时。

活动案例

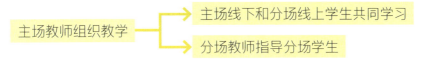

● 活动名称："同上一堂课"——英语课同步课堂学习

● 组织形式：学生独立完成

● 难易程度：★ ★ ★ ★ ★

活动描述： 在外研版英语五年级上册"There Are Forty"一课的教学中，中心校教师在现场开展教学，教学点的两个班通过互联网线上参与教学。课前，中心校的英语教师提前了解教学点学生的情况，与教学点的英语教师共同设计教学方案；课中，双方师生借助腾讯会议和交互式 体机等，组织讲授、问答、展示汇报、交流讨论等教学活动。该活动组织流程如图9-4所示。

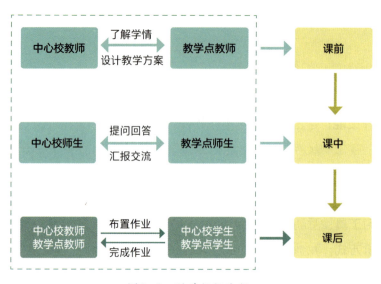

图9-4 活动组织流程

中心校和教学点的师生通过教室内的交互式一体机、摄像机等硬件设备，借助腾讯会议平台组织教学活动。教学中，中心校的教师为主讲教师，负责授课和组织教学活动；教学点的教师为辅助教师，负责组织教学点的学生参与线上学习。

教学中，教师设置了课堂练习题目，如图9-5所示，要求中心校和教学点的学生一起作答。作答完毕后，教学点和中心校的教师分别了解练习情况，由主讲教师进行点评。

True or False

Hongxing School	Jiefang School
54 pupils	73 pupils
21 girls	38 girls
33 boys	35 boys
25 computers	30 computers

1) There are twenty-one girls in Hongxing School. **True** False
2) There are thirty-four boys in Hongxing School. **True** False
3) There are seventy-three pupils in Jiefang School. **True** False
4) There are thirteen computers in Jiefang School. **True** False

图9-5 课堂练习题目

提升技能： 通过与屏幕另一端的同学一起上课，学生可以接触到不同的教师和同学，拓展学习资源和方式，提升交流互动的能力。

学习成果： 学生提交的作业。

学习工具： 交互式一体机、摄像机等硬件设备，腾讯会议。

评价方式： 教师根据学生参与课堂学习的积极性和练习的正确率进行评价。

持续时间： 1课时。

活动设计

- 活动名称：身临其境
- 组织形式：学生独立完成
- 难易程度：★ ★ ★ ★ ★

活动描述：学生借助AR（虚拟现实技术）等技术建构的虚拟环境，通过云端身临其境的操作及体验，增加学习兴趣，拓展学习体验和学习方式，加深对知识点的理解和应用。例如，百度发起过一次利用AR技术复原朝阳门的行动，让早已消失在地标上的朝阳门在地铁朝阳门站内又"活"了过来；用户在AR技术支持下重新见到了这一建筑，并能多角度感受朝阳门的风貌。AR技术在在线教学中的应用，可以帮助学生进行更多样和更生动的学习，丰富学习方式和提升学习体验。

活动过程中，教师可结合所学内容为学生提供AR学习资源，让学生进行体验和操作。教师要对学生的体验活动提出具体要求和活动指引，因为单纯的、毫无目的的体验，可能导致学生只是"走马观花"；没有指导的操作尝试会浪费不必要的时间，影响学习体验。应用AR技术，学生进行一些无法在现实中实施的实验、操作或操控等，体验和观摩难以再现的事件、少见的自然现象或尝试设计方案等。操作过程和成效可通过AR系统记录的数据或学生的感受体现。

该活动的一般流程为：

教师提供技术平台 ➡ 教师明确要求 ➡ 学生体验操作

提升技能：活动可以拓展学生学习的资源和方式，提升学生的学习兴趣，增强学习体验。

学习成果：AR平台操作结果的心得体会。

学习工具：教师为学生提供的AR相关资源和工具（APP、网址等）。

评价方式：教师根据学生的AR平台操作应用情况进行评价。

持续时间：1~2天内（课前完成）。

活动案例

● 活动名称："身临其境"——探索故宫博物院

● 组织形式：学生独立完成

● 难易程度：★ ★ ★ ★ ★

活动描述：在人教版语文六年级上册《故宫博物院》一课教学中，教师为了让学生了解故宫博物院的建筑构造、文化历史以及名人名事等信息，在上课前一周要求学生利用全景客AR体验APP网上参观故宫博物院。该活动组织流程如图9-6所示。

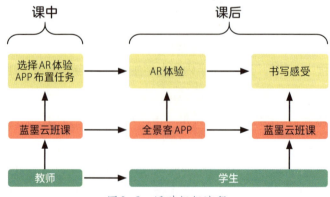

图9-6 活动组织流程

活动开始前，教师在蓝墨云班课平台上提出活动要求并提供体验网址，组织学生进行线上参观，学生参观后把感受与存在的疑问发布在讨论区，如图9-7所示。

图9-7　教师在蓝墨云班课平台上创设活动

全景客AR体验APP中的部分体验场景如图9-8所示。

图9-8　全景客AR体验APP中的部分体验场景

学生在全景客AR和网上故宫平台上参观故宫博物院，了解各种历史故事，并在观摩过程中纷纷发布自己的体验和感受，如图9-9所示。

图9-9　学生发布的体验和感受

提升技能： AR体验故宫博物院的活动可以让学生将课文内容与真实应用结合起来，变被动学习为积极主动学习，在形象化的体验中加深对课文内容及写作方法的理解。

学习成果： 故宫博物院的虚拟游览过程及体验总结。

学习工具： 蓝墨云班课平台、全景客AR体验APP。

评价方式： 教师根据学生的体验情况进行评价。

持续时间： 1小时。

活动设计

- 活动名称：思维无极限
- 组织形式：学生独立完成或小组合作
- 难易程度：★ ★ ★ ★ ★

活动描述：创新是布鲁姆学习目标分类中认知目标的最高层级，也是深度学习的重要体现。为培养学生的创新性思维，教师可设置开放性话题，让学生根据自己的认识、理解和想法，用回答的方式开展活动。开放性话题的设置，有利于培养学生的创造性思维，能发掘学生的潜能。活动过程中，教师结合学习目标和学习内容设置开放性话题让学生思考和回应，帮助学生在对所学知识进行梳理和分析的过程中形成新的观点、联接新旧知识和完善认知结构。例如，学生在学习新媒体技术教学应用的方法和原理之后，教师为学生提供一份最新的新媒体应用报告，让学生阅读应用报告后选择和陈述报告里提到的哪项技术最可能广泛应用到教学中。每个学生提交其看法后，教师要采用积极鼓励的态度，肯定和点评学生观点中的创新性内容。

该活动的一般流程为：

教师发布开放性话题 → 学生发表观点 → 教师点评

提升技能：学生不局限于用常规方式思考问题，从而拓展自身的思维方法；学生结合所学内容形成新观点，可以促进创新思维的发展。

学习成果：学生发表的观点。

学习工具：在线课程平台的讨论区。

评价方式：教师及各小组同学对每组同学发表观点的合理性及创新性进行评价。

持续时间：2～3天。

活动案例

● **活动名称：**"思维无极限"——修改 ASSURE 模型

● **组织形式：**小组合作

● **难易程度：**★★★★★

活动描述：在教学媒体的理论与实践课程的线上学习中，学生自主学习了ASSURE模型的构成、特点和应用方法。教师在砺儒云课堂平台发布在线学习活动，让学生根据新媒体和新技术的教学应用，修改ASSURE模型中任何一项，形成新的教学媒体应用模型。各小组学生根据活动要求开展讨论，提出新的媒体应用模型后发布在指定的讨论区中。该活动组织流程如图9-10所示。

1.发起活动
- 教师将学习资源上传至平台

2.了解课程信息
- 学生对ASSURE模型进行学习

3.学生修改模型
- 教师在平台上发布活动
- 小组成员在讨论区商议

图9-10　活动组织流程

在线课程中，教师将ASSURE模型的学习材料与资源上传至砺儒云课堂平台。学生自主完成学习后，教师在互动学习活动区发布了关于修改ASSURE模型的活动，要求组内讨论修改方案，并将修改后的模型分享到本活动的讨论区，如图9-11所示。

图9-11　教师发布学习资源与活动

学生自行分组，每组五人，各小组分别发起分组在线讨论。成员在小组发起的话题中进行商议、修改、论证，提出新的教学媒体应用模型，如图9-12所示。

话题	发起人	最新帖子	回帖
☆ "五"与伦比	14 10月 2018	21 10月 2018	4
☆ 梦的N次方	13 10月 2018	16 12月 2018	3
☆ 独一无二的六	13 10月 2018	19 10月 2018	3
☆ quality learning	9 10月 2018	17 10月 2018	2
☆ 香蕉草莓牛奶组	11 10月 2018	16 10月 2018	2
☆ winners	14 10月 2018	19 10月 2018	2
☆ 教媒攻略	14 10月 2018	15 10月 2018	2

"五"与伦比　- 2018年10月15日 星期一 09:52

我想修改的是E-evaluate and revise（评估和修正）

我想修改为：反馈、评估和修正

因为教学的对象是学生，我们在评价教学系统优劣的时候，学生在学习过程中的学习效果和学习感受是十分重要的因素。因此，我们不仅要通过各种方式的评估得知学生的学习效果，更要注重学生对教学过程的反馈。

永久链接　　显示父帖　　编辑　　分割　　删除　　回复

（a）

回复: "五"与伦比
· 2018年10月15日 星期一 09:54

·A - Analyze Learners，分析学习者；
·S - State Objectives，陈述教学目标；
·S - Select Methods, Media, and Materials，选择教学方法、教学媒体和资料；
·U - Utilize Media and Materials，使用媒体和资料；
·R - Require Learner Participation，鼓励学习者参与到学习活动中；
·E - Evaluate and Revise，评估和修正。

我赞同桂秋的想法！
我还想修改的是A：
将Analyze Learners 改成Analyze Learners,Teacher,and Environment。
因为我认为不仅仅需要分析学习者的各种特征，在新时代的背景下，**教学环境的支撑以及教师素质素养**（我认为教学是一个双向的过程，学习者与教学者之间有着不可割舍的关联）也同等重要，同样需要在教学设计中分析好。

（b）

图9-12 学生发起话题、发布观点并评论他人观点

提升技能： 通过修改ASSURE模型，提升学生的知识应用能力，也有助于学生通过批判性思维，对权威提出质疑，拓宽学习思路。

学习成果： 每组的ASSURE模型修改方案。

学习工具： 砺儒云课堂平台。

评价方式： 教师、组内、组间分别对各组ASSURE模型修改的创新性和合理性进行评价。

持续时间： 2~3天。

活动设计

● 活动名称：百变大咖秀

● 组织形式：小组合作

● 难易程度：★ ★ ★ ★ ★

活动描述：在常规课堂教学中，角色扮演活动比较受学生欢迎，该活动同样可以在线上开展。学生可以根据学习内容确定扮演的角色，如法官、犯人、销售人员、警察等，承担角色的具体分工，围绕具体任务开展学习活动。在角色扮演活动中，学生共同对所扮演角色或人物在活动中的表现或具体行为进行设计，然后各自进行准备和练习，再一起进行角色扮演。活动中，教师还可让学生互换角色，通过扮演其他角色丰富认知，学会站在不同角度思考问题。教师要做好活动协调和辅助工作，在活动开始时明确活动目标，告知活动流程，帮助学生分配具体的任务或角色，让学生学会从角色的角度思考和应用知识。该活动可以先基于在线协作平台进行分工讨论和角色分析，如pizza、腾讯文档和石墨文档等，再开展在线角色扮演的直播。小组内部要仔细规划角色扮演任务或活动，明确角色或任务、行为表现和时间等。

该活动的一般流程如下：

教师布置任务主题 → 学生角色扮演 → 师生评价

提升技能： 该活动可培养学生的创造性想象和多角度思考问题的能力。

学习成果： 学生对不同角色的体验感受。

学习工具： 在线协作软件、直播平台或视频会议系统。

评价方式： 教师和学生之间根据评价指标对学生角色扮演的表现进行评价。

持续时间： 1课时。

活动案例

● **活动名称：** "百变大咖秀"——模拟在线面试

● **组织形式：** 小组合作

● **难易程度：** ★★★☆★

活动描述： 每个小组通过抽签选出两名同学扮演面试官，其他同学扮演应聘者，共同模拟和练习英语求职面试技能。活动要求所有人员着正装，打开摄像头，全程用英语对话。首先"应聘者"做自我介绍，然后"面试官"提问，"应聘者"再回答面试官的问题。该活动组织流程如图9-13所示。

图9-13　活动组织流程

模拟在线面试场景如图9-14所示。

图9-14　模拟在线面试

提升技能：通过模拟面试官与应聘者的活动，提升学生英语口语表达能力，帮助学生深入体验求职场景、克服面试紧张心理。

学习成果：学生体验面试官和求职者的角色，并完成英语口语表达的相关资料整理。

学习工具：腾讯会议。

评价方式：教师及学生根据各组学生面试的技能和英语口语表达情况进行评价。

持续时间：1课时。

活动设计

- 活动名称：知识竞赛
- 组织形式：学生独立完成
- 难易程度：★ ★ ★ ★ ★

　　活动描述：常规课程教学中，教师往往可以组织知识竞赛活动来提高学生对所学知识的应用，拓宽学生的知识面。在线教学中，教师也可以利用教学平台提供的功能组织线上知识竞赛。教师需要先准备好让学生进行拓展学习的材料并发送给学生，然后设计竞赛题，并将题目制作成在线练习或投票应答题目等，让学生在规定的时间内，以个人参与的方式进行应答。学生应答完成后，学习平台可以根据教师的要求按个人成绩或小组成绩进行排名，教师对胜出的同学或小组用虚拟勋章的形式给予奖励。知识竞赛可以有效地促进学生对拓展材料的学习和理解，帮助学生切实地拓展知识。

　　该活动的一般流程如下：

　　教师发送资源并设计题目 → 学生在线知识竞赛 → 教师评价

　　提升技能：通过该活动，学生可提升拓展内容的学习效率。

　　学习成果：竞答成绩。

学习工具：在线学习平台中的练习、自动评阅和统计功能，在线调查工具等。

评价方式：教师根据在线知识竞赛中取得的分数和完成时长对学生进行评价。

持续时间：20分钟。

活动案例

● 活动名称："知识竞赛"——军事知识竞赛

● 组织形式：学生独立完成

● 难易程度：★★★★★

活动描述：某班辅导员在建军节组织学生进行了在线军事知识竞赛活动。在线军事知识竞赛共20道题，每题5分，共100分。该活动组织流程如图9-15所示。

此次知识竞赛的内容涉及国防知识、军事常识、武器常识、新概念武器等。学生在参加竞赛前需学习相关材料，教师根据学习内容建立题库，题目数量应多于20题。

教师在问卷星平台创建活动，从题库导入所有题目并设置出题方式为随机抽题，如图9-16所示。题目创建完成后，教师测试链接的有效性，生成链接或二维码。

1 **建立题库**
教师需根据竞赛内容建立题库，题目数量应多于20题。

2 **创建考试**
教师将题库导入问卷星平台，设置随机抽取试题，在正式竞赛前做好测试。

3 **在线竞赛**
学生根据教师口令，从手机端登录问卷星进行在线赛题竞赛。

4 **公布成绩与排名**
3分钟后竞赛结束，教师通过问卷星平台自动计算成绩与排名。

图9-15　活动组织流程

图9-16 在问卷星平台创建比赛题目

教师在约定的竞赛时间将链接发给学生，学生完成作答并提交。活动结束后，教师将回答成绩和统计结果公布给学生，如图9-17所示。

图9-17 公布军事知识竞赛成绩与排名

提升技能：通过军事知识竞赛活动，帮助学生加强军事知识的学习，增强学习效果。

学习成果：问题应答。

学习工具：问卷星平台。

评价方式：教师根据学生的应答成绩与排名进行评价。

持续时间：20分钟。

附 录
常用的在线教学平台

UMU 教与学应用功能分析

1. 平台简介

UMU即YOU、ME、US的缩写，传达人人可学、人人可教的互动学习理念。UMU互动学习平台支持高效的在线互动学习，支持多种终端模式，为不同层次的学生提供了自主学习的网络环境。

图1　UMU

UMU互动学习平台提供数十种教学和互动模式，教师运用UMU可以创建在线课程、在线活动或者提供学习资源，如微课等，可利用多种形式邀请学生加入学习，支持记录和呈现互动学习结果与学习数据。无论在课前、课中或是课后，学生都可以通过台式电脑、平板电脑或智能手机等终端，利用网络进行在线学习，拉近与教师和同学的距离。教师可以通过UMU互动学习平台全面掌握学生的学习进度、活动参与情况、考试情况等，让精准教学和因材施教成为可能。

无论是全在线教学还是传统的课堂教学，教师都可以利用UMU的互动模块设计基于问卷调查、提问、在线测试、游戏等的多样化学习活动，连接学习的各种资源，实现线上与线下学习的融合。

2. 主要功能

（1）互动方式。

问卷：支持调研、投票、收集信息，支持单选题、多选题、数值型与开放式4类题型。

提问：支持学生共同提问，系统高效收集问题，学员共同提问、彼此点赞聚焦共性问题。

讨论：提供论坛功能，支持快速讨论与分享，在相互点赞中找到优质发言。

考试：轻松发起在线考试，支持单选题、多选题、单项填空与问答题。

签到：电子签到，支持防作弊与更多信息收集。

拍照上墙：支持手机上传图片到大屏幕，共享精彩笔记。

抽奖：以答题的正确率为标准抽取获奖人员，给予奖励。

游戏：提供4项益智小游戏，帮助参与者活跃思维。

互动大屏幕：所有互动都支持大屏幕互动结果的立刻展示。

（2）直播功能。

支持高带宽自动高清直播，低网速不断线。

观众在手机、电脑端均可观看，无须安装APP与任何插件。

直播一键转发直播入口到微信群，观众点开卡片即可加入直播。

直播时自带智能美颜功能。

创新学习社群，方便协同学习。

课程目录内容由教师设置。

教师通过学习群互动与回复为学员提供指导和服务。

学习群永久保留学习内容。

图文分享直播更方便。

（3）教学管理功能。

课程管理：教师可以根据需要选添课程和课程结构，多个课程也可以搭建学习项目，便于系列课程的开展，如图2所示。

支持协作教学：支持多人协作，共同创建组织学习。

学习管理：平台自动记录学生的学习参与情况、完成率等，可提供量化Excel文件导出数据，教师通过手机与电脑均可实时查看、下载数据。

反馈迭代：提供每次在线学习的评价与反馈，帮助教师有针对性地更新与升级教学内容。

图 2　UMU 课程开设界面

3. 测评结果

基于《在线学习平台教与学应用功能的分析：基于软件可用性的视角》一书中提供的在线学习平台教与学应用功能评价指标体系，由教育技术学专业人士为 UMU 平台的教与学功能评定情况如表1所示，雷达图如图3所示。

表1　UMU 测评结果

结构指标	单项指标	分值	得分	得分率
课程开设与管理	课程实施	4	3.8	95.00%
	课程管理	6	5.3	88.33%
课程资源管理与服务	资源管理	4	3.2	80.00%
	资源服务	4	2.4	60.00%
学习活动设计功能	学习活动类型	8	5.1	63.75%
	活动支持	3	2.0	66.67%
	活动管理	7	5.2	74.29%
学习支持服务实现功能	学习工具	6	3.6	60.00%
	交流工具	5	2.4	48.00%
	辅学支持	5	2.4	48.00%

结构指标	单项指标	分值	得分	得分率
学习评价与分析	学习评价	7	4.7	67.14%
	学习分析	4	2.4	60.00%
	学分与认证	3	1.6	53.33%
用户管理	安全保障	3	2.2	73.33%
	学籍管理	3	2.0	66.67%
	教师管理	3	2.8	93.33%
兼容性及扩展能力	软件/硬件配置	4	3.0	75.00%
	兼容整合	4	3.2	80.00%
界面设计	界面风格	3	2.2	74.67%
	导航设计	5	2.2	44.00%
交互设计	交互方式	5	2.8	56.00%
	交互质量	4	2.8	70.00%
总分		100	67.3	67.30%

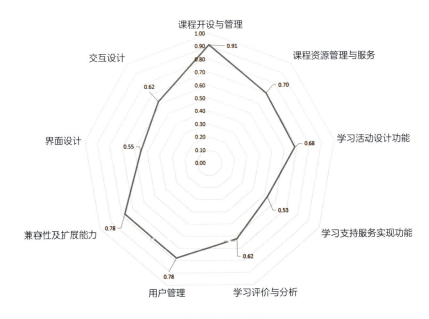

图 3　UMU 测评结果雷达图

　　UMU 在线学习平台学习活动设计、界面设计、学习评价与分析以及交互设计等功能需要进一步优化。

CCtalk 教与学应用功能分析

1. 平台简介

CCtalk是沪江旗下的实时互动教育平台，CC的含义是Content（内容）和Community（社区），为独立的知识传授者、分享者提供完善的在线教育

图4　CCtalk

工具和平台，为求知者提供丰富的知识内容和一起学习的社群环境。平台兼容性较好，支持移动端（iPhone版和Android版）、PC端（Windows版和Mac版）与网页端的使用，基本已涵盖市面上所有类型的设备和操作系统。

CCtalk提供直播教学、录播重放功能。直播平台提供聊天、留言、上麦等功能，学生可通过多终端随时随地与教师一起学习、互动，实现网络双向视频授课、课件展示、语音互动、白板书写、作业反馈等功能，打破时空界限，让学习无处不在。直播时，CCtalk可以录制视频，形成体系课程并回放。观看回放的过程中，学生可以使用聊天功能进行交流。

教师可用CCtalk提供的管理功能查看学生学习的数据，多维度了解学生的学习过程。学生可利用其课程进行课外学习；家校可共建学习交流新空间，拓展学习时空，实现个性化学习。

2. 主要功能

（1）课程信息界面。

课程信息界面提供了详细的课程介绍，如课程简介、课程安排、课程评定以及相关的其他课程。

课程简介包括适合人群、学习目标、详细介绍和教师简介等内容。

课程安排包含每一课时所需上课内容以及所跳转的直播链接，让用户能够快速找到对应链接。

课程评定指学生对课程整体的评价，包括推荐星级和课程感受。

（2）课程开设和管理的指引。

无论是教师还是学生，平台都给出了非常详细且实用的使用指南。平台针对教师和学生所能用到的每一个功能都做出了文字版或视频版的解释。用户可以通过加入平台QQ群、微信群等方式得到人工答疑。

（3）课程形式。

所有的课程都规定了开始和结束的时间，学生需跟随平台的教学进程学习。直播由教师提前预约，也可以在固定时间进行直播，在课程有效期内所有的直播内容均可无限次回放。在直播过程中，平台提供教师的课件与桌面分享、师生双向视频与双向白板、教师和学生在讨论区中文字交流、互动测验、学生举手提问以及最后的课程直播回顾等功能。

（4）社群化学习。

CCtalk的特色之一是在平台内支持社群化学习，即实时沟通交流。学习过程中，教师和学生可通过学习群进行预习、沟通和复习等，学生遇到任何问题可直接在群里"@"教师或者其他同学。同时，视频资料、历史课程和上课时间等都可以在学习群里找到，学生不用花费更多的时间去寻找资源，但学习资料仅为视频资料，不支持文本、图片等资料。

3. 测评结果

基于《在线学习平台教与学应用功能的分析：基于软件可用性的视角》一书中提供的在线学习平台教与学应用功能评价指标体系，由教育技术学专业人士为CCtalk平台的教与学功能评定情况如表2所示，雷达图如图5所示。

表2　CCtalk测评结果

结构指标	单项指标	分值	得分	得分率
课程开设与管理	课程实施	4	3.6	90.00%
	课程管理	6	4.9	81.67%
课程资源管理与服务	资源管理	4	2.8	70.00%
	资源服务	4	2.0	50.00%

结构指标	单项指标	分值	得分	得分率
学习活动设计功能	学习活动类型	8	3.6	45.00%
	活动支持	3	2.0	66.67%
	活动管理	7	4.8	68.57%
学习支持服务实现功能	学习工具	6	3.6	60.00%
	交流工具	5	4.2	84.00%
	辅学支持	5	2.6	52.00%
学习评价与分析	学习评价	7	4.4	62.86%
	学习分析	4	2.4	60.00%
	学分与认证	3	1.0	33.33%
用户管理	安全保障	3	2.5	83.33%
	学籍管理	3	2.0	66.67%
	教师管理	3	2.6	86.67%
兼容性及扩展能力	软件/硬件配置	4	3.7	92.50%
	兼容整合	4	2.6	65.00%
界面设计	界面风格	3	2.4	80.00%
	导航设计	5	3.7	74.00%
交互设计	交互方式	5	3.1	62.00%
	交互质量	4	2.8	70.00%
总分		100	67.3	67.30%

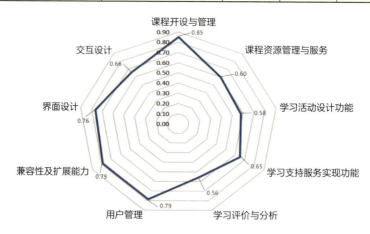

图5 CCtalk测评结果雷达图

　　综上所述，CCtalk的优点是直播教学工具丰富，直播过程全记录，具备社群化学习，支持多终端学习；缺点是不支持学生的协作学习、分组讨论、边看直播边记笔记，学习资料类型少等。

荔枝微课教与学应用功能分析

1. 平台简介

荔枝微课是深圳十方融海科技有限公司研发的在线教学平台，专注大众知识分享。荔枝微课平台上，每个人都可以开课分享，

图6　荔枝微课

也可以听课学习。平台支持零门槛开课，教师在线教学的工具使用也十分便利。

2. 主要功能

（1）课程开设。

平台支持零门槛开课，并可为每门课程提供详细的课程介绍页面，具备随时开课、直播等功能，不支持退课以及学习日志功能。平台中的课程架构清晰，所有课程都以微课方式开设。

（2）资源。

平台支持上传多种类型课程资源，拥有语音、图片、PPT、视频、音频等多种讲课模式，支持引用外部链接，不支持资源在线制作。视频播放顺畅，平台页面跳转速度快，且课程平台兼容其他服务号，可以跨平台进行资源推送。

（3）交互功能。

直播平台交互功能完善，教师能在同步直播的讨论区中给内容画重点，能将学生的评论标注和上墙。异步交互方式为讨论区，但难以组织小组讨论、协作学习等活动。

（4）学习应用。

能为学生提供强大的自主学习功能，如具有完整清晰的课程架构、支持简短的微课视频倍速播放、提问区能够提问等，方便推广至其他服务号，支持直播间发起活动。

可支持的五种开课模式包括：PPT+语音互动、图文+语音互动、视频+语音互动、视频录播、音频录播。

3. 功能缺点

该平台作为在线教学管理平台存在明显不足。

（1）学习管理。

不能进行学生学籍管理。荔枝微课在学生管理学习评价活动支持方面有待改进，不支持对学员的学籍管理、个人学习过程管理以及分组管理。

（2）学习评价。

平台缺少作业功能，缺乏学习评价规则、学习检验等活动。学习分析功能简单，仅显示学员的浏览课程数量、购课数量，未提供真正的学习评价功能。

（3）界面设计。

平台界面有较多的宣传性收费课广告，容易分散学生注意力。

4. 测评结果

基于《在线学习平台教与学应用功能的分析：基于软件可用性的视角》一书中提供的在线学习平台教与学应用功能评价指标体系，由教育技术学专业人士为荔枝微课平台的教与学功能评定情况如表3所示，雷达图如图7所示。

表3　荔枝微课测评结果

结构指标	单项指标	分值	得分	得分率
课程开设与管理	课程实施	4	4.0	100.00%
	课程管理	6	1.2	20.00%
课程资源管理与服务	资源管理	4	4.0	100.00%
	资源服务	4	3.2	80.00%
学习活动设计功能	学习活动类型	8	3.2	40.00%
	活动支持	3	3.0	100.00%
	活动管理	7	4.2	60.00%

结构指标	单项指标	分值	得分	得分率
学习支持服务实现功能	学习工具	6	6.0	100.00%
	交流工具	5	5.0	100.00%
	辅学支持	5	4.0	80.00%
学习评价与分析	学习评价	7	1.4	20.00%
	学习分析	4	2.4	60.00%
	学分与认证	3	0.6	20.00%
用户管理	安全保障	3	3.0	100.00%
	学籍管理	3	0.6	20.00%
	教师管理	3	1.8	60.00%
兼容性及扩展能力	软件/硬件配置	4	4.0	100.00%
	兼容整合	4	4.0	100.00%
界面设计	界面风格	3	3.0	100.00%
	导航设计	5	5.0	100.00%
交互设计	交互方式	5	4.0	80.00%
	交互质量	4	4.0	100.00%
总分		100	71.6	71.60%

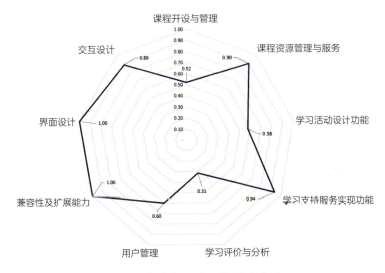

图7　荔枝微课测评结果雷达图

总体而言，该平台适于中小学教师组织实时线上交互活动或分享微课等学习资源。课程的系统知识点可以微课的形式呈现和使用，但教学管理功能较弱。

雨课堂教与学应用功能分析

1. 平台简介

雨课堂由学堂在线与清华大学在线教育办公室共同研发，旨在连接师生的智能终端，组织实施课前—课中—课后各环节的在线教学。

图8　雨课堂

使用雨课堂，教师可以将视频、习题、语音的学习材料推送到学生端，师生沟通，及时反馈。课堂上实时答题、弹幕互动，为传统课堂教学师生互动提供了更方便的实施方法。雨课堂教学平台为师生提供完整立体的数据支持、个性化报表、自动任务提醒，让教与学更加明了。

2. 主要功能

（1）互动方式。

讨论：支持快速讨论与分享，相互点赞。

考试：使用试卷、课下发布作业，试卷支持多类题型，并建有试卷库，实现试卷统一管理。

（2）直播功能。

平台支持更快更稳的屏幕共享；支持多个画面一起播放；直播时提供水印与美颜功能；提供弹幕、投稿一键生成词云，将学生发言、投稿关键内容可视化；可将答题情况、弹幕等随时发送给全班；直播支持回放，并提供倍速播放。

（3）管理功能。

平台提供课程管理功能，创建课程简单，可根据课程设计创建章节课程，提供PPT、MOOC视频等多样化资源上传功能。成员管理功能可实现添加、删除课程成员；可组织小组讨论，支持多人协作、共同创建小组讨论区；记录学习进度，自动记录课程参与情况、完成率并提供批量下载数据功能，为学生和教师提供可视化的学习情况。

3. 测评结果

基于《在线学习平台教与学应用功能的分析：基于软件可用性的视角》一书中提供的在线学习平台教与学应用功能评价指标体系，由教育技术学专业人士为雨课堂教学平台的教与学功能评定情况如表4所示，雷达图如图9所示。

表4 雨课堂测评结果

结构指标	单项指标	分值	得分
课程开设与管理	课程实施	4	8.2
	课程管理	6	
课程资源管理与服务	资源管理	4	5.0
	资源服务	4	
学习活动设计功能	学习活动类型	8	10.7
	活动支持	3	
	活动管理	7	
学习支持服务实现功能	学习工具	6	11.6
	交流工具	5	
	辅学支持	5	
学习评价与分析	学习评价	7	8.9
	学习分析	4	
	学分与认证	3	
用户管理	安全保障	3	6.7
	学籍管理	3	
	教师管理	3	
兼容性及扩展能力	软件/硬件配置	4	5.5
	兼容整合	4	

结构指标	单项指标	分值	得分
界面设计	界面风格	3	4.9
	导航设计	5	
交互设计	交互方式	5	3.5
	交互质量	4	

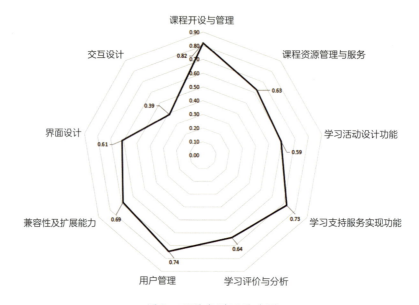

图9 雨课堂测评雷达图

雨课堂得分最高的是学习支持服务实现功能，其次是学习活动设计功能。雨课堂可开展直播活动，支持发送弹幕等功能，并提供弹幕生成词云图功能，支持直播教学和提供支持服务的教学应用体验较好。